아들과
싸우지 않는
엄마의 비밀

SHISHUNKIDANSHI NO TADASHII TORISETSU
Copyright ⓒ 2020 by Yukio Yanagisawa
All rights reserved.
Original Japanese edition published in 2020 by SB Creative Corp.
Korean translation rights arranged with SB Creative Corp., Tokyo
through Eric Yang Agency Co., Seoul.
Korean translation rights ⓒ 2021 by ANDABOOKS

이 책의 한국어판 저작권은 에릭양에이전시를 통한
저작권자와의 독점계약으로 앤에이북스에 있습니다.
저작권법에 의해 한국 내에서 보호를 받는 저작물이므로
무단 전재와 무단 복제를 금합니다.

아들과 싸우지 않는 엄마의 비밀

야나기사와 유키오 지음 | 최현숙 옮김

앤에이북스

프롤로그

필자는 이전에 남학교인 가이세이중·고등학교의 교장으로 오랫동안 몸담고 있었습니다. 그 당시 '학부모 학교장 간담회'에 참석할 때면 "사춘기 아들을 어떻게 대해야 할지 모르겠어요"라며 어려움을 호소하는 어머니들의 이야기를 자주 듣곤 했습니다.

특히 인상에 남았던 것은 '첫째 딸과 둘째 아들'을 둔 가정일수록 "누나 때에는 이런 일이 없었는데…"라며 한숨 쉬는 어머니가 꽤나 많았다는 점입니다.

남자 형제 없이 자매들만 있는 가정에서 자란 어머니일수록 "남자아이는 왜 그런지 정말 모르겠다!"라고 합니다.

엄마 입장에서 딸은 '동성'이기 때문에 생각이나 행동 패

턴을 어느 정도 예측할 수 있습니다. 자신의 경험을 이야기하면 공감해 주고, 실제 그것만으로도 대화를 풀어 나가는 경우가 많지요.

반면, 아들은 좀 과장되게 말하면 엄마와는 전혀 다른 생물체입니다. 그야말로 내 배 아파 낳은 자식인데도 그 마음을 도무지 이해하기 어렵고, 기함할 만한 행동을 하거나 어이없는 일들이 자주 일어납니다.

아이가 어릴 때는 이상한 행동을 해도 그저 사랑스럽기만 하지요. '이런 게 아들 키우는 재미인가?!'라며 긍정적으로 받아들였을지도 모르겠습니다.

그러나 사춘기에 접어들면 그렇게 말할 수 없게 됩니다. 애초에 드러났던 남자아이의 기질에다 사춘기만의 변화가 나타나기 때문에 아들은 어머니들에게 점점 더 먼 존재가 되는 것입니다.

어머니들이 아들을 키우기 어렵다고 하는 가장 큰 원인이, 여성만이 갖고 있는 감성과 가치관으로 자식을 보고 있기 때문은 아닐까요?

어머니의 상식이 아들에게도 상식이라고 할 수는 없습니

다. 비록 부모 자식 관계라도 어머니와 아들 사이에는 사물을 보고 파악하는 것부터 행동 방식에 이르기까지 공통점이 거의 없다고 해도 과언이 아닙니다. 따라서 어머니의 가치관만이 옳다고 생각하면 아들을 이해하는 것도, 다루기 힘들어하는 것에서도 영원히 헤어나지 못하게 됩니다.

무엇보다 주의가 필요한 부분은 말을 걸 때의 방식입니다. 어머니와는 전혀 다른 발상이나 가치관을 가진 아들에게는 말이 의도한 대로 전달된다고 단정할 수 없습니다. "내 말이 그대로 전달되지가 않아요" 정도는 그나마 다행이고, 어쩌면 생각지도 못한 오해를 불러일으켜 역효과를 낳을 수도 있습니다. 격려한다고 한 말이 오히려 열등감을 심어 준다거나 아무렇지도 않게 내뱉은 말이 아이에게 상처를 줄 수도 있습니다.

이 책에서는 어머니들이 일상생활 중 무심코 입에 담기 쉬운 34개의 문구에 대해 이야기하고 있습니다. 그 말들이 아들에게 끼치는 영향력이나 그런 말들을 사용하지 않고도 해결할 수 있는 방법, 어머니들에게 필요한 생각의 전환에 대하여 중고생을 9년간 일정한 위치에서 지켜본 입장에서 느꼈던 것들을 전하고 싶습니다.

야나기사와 유키오

차 례

프롤로그 … 4

Intro 사춘기 아들은 도대체 왜?

엄마는 이해하기 어려운 사춘기 아들의 행동 패턴 … 14

본인도 모르는 짜증 난 마음 … 18

사춘기 아들과의 의사소통 방법 … 23

Chapter 01 공부에 흥미를 갖게 하려면

이제 공부 좀 해! … 30

영어가 완전 바닥이네 … 35

이런 문제도 몰라? … 39

딴짓하지 말고 책상에 좀 붙어 있어! … 43

다음 시험 잘 보면 사줄게 … 47

그러게 미리 좀 해 놓지! … 51

시험 몇 개 틀렸어? … 55

너는 날 닮아서 문과야 … 59

Column 남자아이와 여자아이의 차이 1 … 63

Chapter 02 대화를 더 많이 하고 싶다면

또 핸드폰 보고 있지? … 68

집안일은 됐고 공부나 해! … 73

동아리 활동보다 공부가 중요하지! … 77

넌 만화만 들여다보니? … 81

님들이 임마를 흉봐! … 85

학원비만 버리고 있잖아 … 90

부모한테 그게 무슨 행동이야? … 94

항상 약속을 안 지키잖아! … 99

네 방에서 안 좋은 냄새 나! … 103

Column 남자아이와 여자아이의 차이 2 … 108

Chapter 03   자신감을 북돋우고 싶다면

○○ 반만 따라 해도 좋겠다! … 114

너도 좀 나서서 해 … 119

우리 애는 틀렸어 … 124

이번 선생님은 좀 별로네 … 128

네 성적으로 그 학교 지원하게? … 132

○○는 했니? ○○는 챙겼어? … 137

Column   남자아이와 여자아이의 차이 3 … 141

Chapter 04   꺼내기 불편한 말을 하고 싶다면

누가 너 따돌리니? … 146

용돈은 도대체 어디에 쓰는 거니? … 151

그런 애하고 놀지 마 … 155

Column   남자아이와 여자아이의 차이 4 … 159

Chapter 05 자립을 돕고 싶다면

미래를 진지하게 생각하고 있는 거니? … 164

커서 ○○(직업) 돼야지 … 168

저런 사람들 이해가 안돼! … 172

그러니까 엄마가 말했잖아! … 176

싫으면 그만둬 … 181

돈은 엄마가 맡아 놓을게 … 185

남자답지 않아 … 189

가족이니까 같이 가야지 … 193

에필로그 … 197

INTRO

사춘기 아들은 도대체 왜?

엄마는 이해하기 어려운 사춘기 아들의 행동 패턴

늘 말이 없고 기분이 좋지 않다

사춘기에 접어든 남자아이는 다소 개인차는 있지만, 누구라도 지금까지와는 다른 특징을 보이게 됩니다. 그중에서 어머니들로부터 가장 많이 들었던 말이 '예전에 비해 급격히 말수가 줄었다'라는 것입니다.

불과 얼마 전까지만 해도 엄마 껌딱지처럼 성가실 정도로 붙어 다니며 "엄마 있잖아! 오늘 학교에서~" 종알거리던 아이가 어느 순간부터 학교에서의 일이나 친구들에 대해서 일절 말하지 않게 됩니다.

뭔가 질문을 해도 '몰라', '별로', '보통', '글쎄' 같은 단답형으로만 겨우 대답을 하지요.

집에 있으면 있는 자체로 기분이 좋지 않고, 입을 여는 것도 귀찮아 죽겠다는 태도를 보입니다. 자기 방에서 도무지 밖으로 나올 생각을 하지 않고, 얼굴을 볼 수 있는 건 식사할 때뿐이에요. 왠지 엄마를 피하고 있는 것 같은 기분마저 들게 하지요. 가끔 함께 외출하자고 권해도 일체 응하지 않습니다.

이 책을 읽는 어머니들의 아이도 틀림없이 이렇지 않을까 생각이 듭니다.

감정적 상태가 되는 것은 올바른 성장 신호

텐션이 낮고 미적지근한 반응만 보이는 상태가 지속되다가 느닷없이 감정을 폭발하는 아들의 모습에 당황스럽다는 말도 자주 듣습니다.

잘되라고 생각해서 한 말임에도 불구하고 아이가 갑자기 성질을 내면 어머니들이 어찌할 바를 몰라 허둥대는 것도 무리는 아닐 겁니다.

"시끄러워!"
"알았다고!"
"그냥 내버려 둬!"
"맘대로 ○○하지 마!"

더구나 이 시기의 남자아이들은 '2차 성징'이 한창일 때라 성인 남성처럼 아주 굵직해진 목소리로 화를 내면 더더욱 당황스러울 거예요.

개중에는 사소한 일로 분노를 폭발시키다가 급기야는 주먹을 휘둘러 벽을 움푹 패는 아이도 있습니다. 최근까지만 해도 사랑스럽고 고분고분한 아이였는데 왜 그러는 것인지 충격을 받는 어머니도 있을 거예요.

물론 그런 아들의 태도에 기가 죽기는커녕 100배로 되받아치는 씩씩한 어머니도 있겠지만, 그것을 계기로 순한 아들로 되돌아왔다는 얘기는 지금까지 들어본 적이 없습니다.

늘 기분이 안 좋고 말수가 적은 것도, 때로는 감정적이고 공격적으로 변하는 것도 사춘기 남자아이들의 틀림없는 특징입니다. 유독 내 아이에게서만 나타나는 특별한 문제도 아니며, 더구나 어머니의 양육 방법이 잘못된 것도 아닙니다. 흔히 말하듯, 이것은 누구라도 지나가야 하는 과정이며, 아이가 순조롭게 성장하고 있다는 분명한 증거입니다.

본인도 모르는
짜증 난 마음

'반항기'의 형태

사춘기 남자아이는 늘 짜증이 나 있습니다. 이전과 다른 모습으로 변하는 것도, 항상 기분이 언짢은 것도, 가끔씩 감정적이고 공격적으로 변하는 것도 모두 이런 감정 상태가 원인입니다.

이런 짜증이 나는 시기와 이른바 반항기는 정확하게 일치합니다.

첫 반항기는 2~3세 무렵의 '싫어병'에 걸린 시기인데요. 이 시기의 아이들은 그 어떤 것에 대해서도 "싫어!"라고만 해서 부모를 질리게 만듭니다.

왜 그럴까요? 그것은 아이의 행동 범위가 넓어진 만큼 그에 대한 욕구도 다양해지고 증가하는 반면, 정작 자신의 의사를 타인에게 제대로 전달할 수 없기 때문입니다.

물론 부모가 그런 기분을 잘 헤아려 준다면 좋겠지만, 부모의 상상력과 아이의 욕구가 일치하는 경우는 극히 드뭅니다. 보통 엇갈리는 일이 다반사예요. 그렇다 보니 욕구가 충족되지 못한 아이는 당연히 짜증을 부립니다. 그런 감정이 끝내는 싫어병으로 나타나게 됩니다.

이 싫어병 시기를 극복하게 되면 초등학교에서 중학교까지는 마음의 성장과 언어 능력의 균형이 유지되기 때문에 부모 자식 간의 충돌은 그다지 발생하지 않습니다. 초등학생만 돼도 자신의 생각을 비교적 솔직하게 말로 표현할 수 있기 때문에 분노의 감정이 생겨도 어느 정도 어울리는 말로 표현할 수 있습니다.

그렇다고는 해도 이 시기 아이들의 감정이나 생각은 꽤 단순합니다. 아이들이 알고 있는 단어만으로 충분하게 자신의 의견을 표현할 수 있는 정도의 수준이라고 이해하면 됩니다. 따라서 이 시기의 아이들은 남자아이나 여자아이

할 것 없이 모두 잘 재잘거립니다.

말수가 적어도 생각은 하고 있다

그렇게 재잘대던 아이들이 사춘기가 되면 사정은 완전히 달라집니다. 이 시기는 몸뿐만 아니라 마음도 눈에 띄게 성장하기 때문에 감정이나 생각은 점점 더 복잡해집니다.

그런데 언어 능력이 성장 속도를 따라가지 못합니다. 중학생이 되면 이미 대화하는 데 필요한 단어는 충분하게 습득했을 것으로 생각하는 사람이 많지만, 그건 오해입니다. 물론 일상생활이 어려운 것은 아니지만, 감정이나 생각을 정확하게 전달할 수 있는 수준의 언어 능력을 몸에 익히려면 한참 더 시간이 걸립니다.

생각해보면 아이들이 태어난 지 겨우 13~15년 정도밖에 되지 않았습니다. 나름대로 말을 하게 된 나이부터 세어 보면 본격적으로 의사소통이 가능했던 햇수는 더 짧아집니다. 우리가 영어를 10년 정도 배웠다고 자신의 생각을 영어로 정확하게 설명하기 어려운 것과 비슷하지 않을까요.

그러므로 말수가 적다고 해서 '아무 생각도 없을 거야'라고 판단하는 건 너무 섣부른 일입니다. 이 시기의 남자아이들은 어른들이 짐작하는 것 이상으로 여러 가지 생각을 하고 있습니다. 단지 언어의 성장이 따라 주지 않을 뿐입니다.

이러한 몸과 마음의 성장에 비해 언어 획득이 지체되는 현상은 여자아이보다는 남자아이에게서 더 강하게 나타납니다. 확실히 여자아이가 남자아이에 비해 좀 더 말을 잘하는 경향이 있습니다.

남자아이가 주체 못하는 성적 욕구

자신이 생각하고 있는 것들을 정확하게 표현하지 못하면 싫어병에 걸린 아이처럼 사춘기 남자아이들도 짜증을 부리는 상태가 됩니다.

더욱이 사춘기 남자아이들을 혼란스럽게 만드는 것은 이 시기 특유에 발현되는 '성적 욕구'입니다. 급격한 신체의 변화로 당혹스러운 가운데, 자기 자신의 성 정체성에 눈뜨거나 이성에 대한 성적인 관심이 온종일 머릿속을 떠나지 않는 것이지요.

하지만 내면에서 끓어오르는 욕구가 매우 강력함에도 불구하고 그 '정체'를 아이들 스스로도 파악하지 못하고 있습니다. 스스로가 지금 어떤 상태인지 이해하지 못하는 경우가 많아요. 어쩌면 그 어떤 예비지식도 없이 갑작스럽게 남극 대륙에 뚝 떨어졌을 때 느끼는 감정과 비슷하지 않을까요.

정체불명의 욕구는 아이들이 느끼는 짜증을 증폭시킵니다. 그것이 '말수가 줄었다', '감정적이다', '공격적으로 변한다'라는 태도로 나타나게 됩니다.

어머니들을 불안하게 만들고, 때로는 화나게 만드는 아이들의 태도 밑바탕에는 사춘기 남자아이들만의 이런 사정이 있다는 것을 이해해 주세요.

사춘기 아들과의
의사소통 방법

막무가내 태도가 어리광이라고?!

늘 기분이 언짢고, 감정적이며 공격적인 사춘기 아들은 다루기 쉽지 않습니다. 그런 아이와의 의사소통은 당연히 어렵습니다.

그러나 사춘기 아들이 엄마에게 날것 그대로의 감정을 표출하는 것은 뒤집어 말하면 엄마에게 어리광을 부려도 된다는 믿음이 있기 때문이기도 합니다.

집안에서는 항상 기분이 안 좋은 상태여서 대하기 어려운 아들이 학교나 학원에서는 붙임성 있게 선생님과 이야기를 하거나 주변 사람들에게 밝게 인사하는 모습을 보고 놀랐던 적은 없으셨나요? 이런 양면성 또한 사춘기 남자아이의 특징인데요.

생각해보면 아이들이 '기분이 언짢은 상태'로 있을 수 있고, '감정적'이며 '공격적'인 감정을 보일 수 있는 곳은 말하자면 가정 외에는 없다는 것입니다. 즉 사춘기 남자아이들이 집에서는 솔직한 내면을 가감 없이 드러내고 있다는 것이지요.

앞에서 비유했던 남극 대륙에 갑자기 뚝 떨어진 것처럼 아이들은 사실 많이 불안한 상태입니다. 어머니 입장에서는 쉽게 와 닿지 않더라도, 사춘기 아들은 그만큼 혼란스러워하고 있다는 것을 먼저 이해해 주세요.

사춘기는 애정 표현의 '뺄셈' 시기

사춘기 아들과의 의사소통은 만만치 않습니다. 그렇다고 그 모든 원인이 우리 아이들에게만 있는 걸까요? 아이들 못지않게 어머니들에게서도 원인을 찾을 수 있습니다.

의사소통은 '상대'가 있어야 비로소 성립됩니다. 상대방이 바뀌면 의사소통의 방식도 당연히 변해야겠지요.

예를 들어 3세 어린이를 대상으로 한 의사소통은 20세 성인을 대상으로 한 것과는 전혀 다릅니다. 또한 40세, 60세의 사람에 대한 소통 방식도 각기 다른 형태가 될 것입니다.

가이세이중학교의 입학식 날, 필자는 학생들에게 "입학을 축하합니다"라고 말한 뒤 어머니들에게는 "졸업을 축하합니다"라는 인사를 전했습니다. 그건 '지금까지의 밀착 양육은 이제 끝났습니다'라는 의미이기도 하지만 '엄마와 아들의 관계에 변화가 필요합니다'라는 메시지를 담고 있었습니다.

사랑스럽고 솔직했던 자녀에게서 변화의 징조가 보인다면, 부모로서의 대응 방식에도 변화를 줄 시기가 왔음을 인지해야 합니다.

아이들은 성장하고 있는데 부모가 언제까지나 똑같은 방식을 지속하고 있다면 잘될 수가 없습니다. 아이가 어릴 때는 부모로서 애정 표현을 아낌없이 해 주는 것으로 순조로웠다면, 사춘기에 들어서는 오히려 애정 표현을 '뺄셈'하는 마음가짐이 적절합니다.

아이를 삐뚤어지게 하는 엄마의 말

앞에서 언급했던 것처럼 사춘기 남자아이는 늘 기분이 언짢고, 때로는 감정적이며 공격적입니다. 그런데 어머니들 역시 아이들과 같은 감정 상태였던 건 아닐까요? 그런 상태에서는 제대로 해결될 수가 없습니다.

더구나 언어 능력이 높은 어머니들은 자신의 생각을 '솔직하게' 말할 수 있으나 그런 점이 오히려 의도하지 않은 결과를 초래하기도 합니다.

불안함이 많은 이 시기의 남자아이에게 자신감이 떨어질 만한 말을 날이면 날마다 지속하고 있다면, 최악의 경우 그 말이 자식의 건강한 성장을 방해하는 요인이 되기도 합니다. 비록 그 표현들이 사랑하기 때문에 했던 말이고, 깊이 생각하지 않고 불쑥 내뱉은 말이었다 해도 말입니다.

만약에 그와 같은 나쁜 말을 일상적으로 사용하고 있다면 그 어머니는 '의식 개혁'을 일으킬 필요가 있습니다.

다음 장부터는 많은 어머니들이 일상적으로 입에 담기 쉬운 말과 그 말이 사춘기 아들에게 어떤 영향을 주는지 생각해보도록 하겠습니다.

CHAPTER 01

공부에 흥미를 갖게 하려면

이제 공부 좀 해!

대부분의 어머니들은 이미 눈치를 채셨겠지만 "이제 공부 좀 해!"라고 말한다고 "네, 알겠어요!"라고 반응하는 아이는 거의 없습니다.

사춘기 남자아이라면 노골적으로 기분 나빠하거나 "시끄러워!"라고 폭언을 하는 아이도 간혹 있습니다.

공부에 대한 동기 부여는 크게 4단계로 나눌 수 있습니다.

- 1단계 : 처음부터 공부하는 것 자체가 좋고 지식이 늘어나는 것에 기쁨을 느낀다.

- 2단계 : 공부를 통해 자신의 목표를 이루고 싶어 한다.
- 3단계 : 결코 공부는 좋아하지 않지만 해야 한다는 것을 알고 있다.
- 4단계 : 공부하는 것에 트라우마가 있어 아무런 의미도 느끼지 못한다.

이 4단계 중에 가장 많은 것은 3단계로 공부는 좋아하지 않지만 해야 할 필요성을 느끼고 있는 아이들입니다. 책상에 앉으면 두통이 날 정도로 공부를 거부하는 4단계와는 달리 비록 의욕적이지는 않더라도 어쩔 수 없이 혹은 마지못해 공부할 수는 있습니다.

좀처럼 스스로 공부하려고 하지 않는다면, 그 아이는 3단계에 속해 있을 가능성이 높습니다. 즉 '해야 한다'는 사실은 이해하고 있는 것이지요.

의욕을 불러일으키려면?

남자아이들은 '해야만 한다'는 의무감만으로는 좀처럼 행동으로 옮기지 않습니다. 체념에 가까운 심정이라도 '한번 해보지 뭐!' 하는 자발적 의지가 발동하게끔 만들어 줄 필요가 있습니다.

엄마가 "공부 좀 해!" 꾸짖듯 소리 지르면 억지로 책상에 앉힐 수는 있습니다. 그러나 겉모습만 공부하고 있는 것으로 보일 뿐 머리는 쓰지 않고 펜만 만지작거리고 있기 때문에 성적이 오를 리 만무합니다.

"스스로 공부하겠다고 나서면 고민하지 않아도 돼요. 그 의욕이 내내 꺼진 상태인 것이 문제지요!"

어머니들은 답답해합니다.

그렇다면 옆에서 강제적으로 공부하라고 재촉하지 않아도 아이 스스로 의욕을 끌어올릴 수는 없을까요?

정해 놓은 시간에 텔레비전을 끔으로써 아이에게 공부에 필요한 '최소한의 동기'를 부여할 수 있습니다. 혹은 부모가 책을 읽기 시작한다거나, 가계부를 적기 시작하는 등의 무언가를 시작하는 것만으로도 아이에게 '나도 슬슬 공부해볼까…' 하는 생각이 들게끔 할 수 있습니다.

부모가 진득하게 기다리는 것도 중요한 일

사춘기가 되면 남자아이들도 마냥 게으름을 피울 수만은 없다는 걸 어렴풋이 알고 있습니다. 그렇기 때문에 '공부 좀 하라'는 직접적이고 강제적인 표현에 반발하는 것입니다.

자발적인 공부 의욕 스위치를 작동시키려면 자꾸만 미루게 되는 싫은 일들에 시간 변화를 주는 편이 효과적입니다. 그런데도 스스로 하고자 하는 의욕을 보이지 않는다면 그 아이는 아직 공부에 대한 필요성을 느끼지 못하는 것입니다.

제출 기한을 지키지 않고, 숙제를 하지 않는 등의 경우에는 마땅히 해야 할 일을 하지 않았기 때문에 엄하게 꾸짖어야 합니다. 다만, 공부를 하고 안 하고는 철저히 아이 본인에게 달려 있습니다. 특히 남자아이의 경우는 스스로 의욕적으로 나서지 않는 한 어쩔 도리가 없습니다. 안타깝지만 부모로서는 묵묵히 기다리는 수밖에 없어요.

그렇다고 해도 시험 기간이 코앞이라면 느긋하게 두고 보는 건 어려운 일일 것입니다. 그 심정은 백 번 이해하고도 남습니다. '해볼까!'라는 마음만 먹으면 단숨에 대역전도 가능한 것이 남자아이의 강점입니다. 따라서 지나친 걱정은 하지 않아도 됩니다.

영어가 완전 바닥이네

"○○가 엉망이잖아"라는 말은 그것이 뒤처져 있음을 상대에게 재인식시키는 표현입니다.

예를 들어, 자녀가 영어를 잘못한다고 해도 낙인찍듯 말로 쏘아붙일 필요가 있을까요?

누구보다 그 사실을 잘 자각하고 있는 건 우리 아이들입니다. 어른들이 생각하는 것보다 아이들은 훨씬 더 자기 자신에 대해 잘 알고 있어요. 초등학교 저학년이라면 몰라도 사춘기에 접어든 아이라면 그 나름의 현실을 알고 있습니다.

그런데도 굳이 약점을 지적한다면 아이는 점점 더 그 과목에 자신감을 잃을 뿐입니다. 엄마는 더 열심히 하라는 의미였다고 해도 결과적으로 불필요한 열등감만 갖게 할 수 있는 대단히 위험한 표현입니다.

함께 해결책 모색

성적이 좋지 않은 과목이 한두 개 있다고 해도 완전히 뒤처지지 않고 버티고 있다면, 그것에 너무 신경 쓰는 것보다는 잘하는 과목의 점수를 더 높이는 편이 낫다는 게 필자의 지론입니다.

그러나 낙제점으로 겨우 버틴다거나 시험을 앞두고 잘하는 과목으로도 상쇄할 수 없을 정도의 취약한 과목이 있다면 그에 상응하는 대처가 필요합니다.

이때 부모의 역할은 아이가 구체적인 해결책을 찾아낼 수 있도록 방향을 제시해 주는 것입니다. 그러기 위해서는 점수를 끌어올릴 수 있게 행동으로 이어지게끔 표현을 해 주어야 합니다.

살펴봐야 할 아이의 공부 방법

아이가 아무것도 하지 않으면서 싫다고만 하는 경우라면, 단순하게 공부하는 양이 부족한 것이기 때문에 해결은 쉬울 수 있습니다. 하지만 실제로 그런 경우는 많지 않습니다. 대부분의 아이들은 각자 나름대로 공부하고 있는데도 불구하고 그 공부가 점수로 연결되지 않는 것이 문제입니다.

그런 경우 부모나 아이가 '어려운 과목'으로 결론을 내리는 건 옳지 않습니다. 능력의 문제가 아니라 공부하는 방법에 문제가 있는 경우가 대부분이기 때문이지요.

중요한 것은 공부 방식을 바꾸면 할 수 있다는 것을 가르치고, 그 사실을 경험하도록 만드는 일입니다.

"친구들도 영어 다 어려워하지?"
"친구들은 영어 어떻게 공부하니?"

위의 질문을 통해 다른 친구들의 공부 방법을 살펴보게 하는 것도 좋습니다.

그리고 학교나 학원에서 선생님이 가르쳐 주는 걸 성실하게 들어도 점수가 오르지 않는다면 다음처럼 격려해 주는 것도 좋습니다.

"우선은 수업 내용을 꼼꼼하게 들어 놓자."

이 시기의 아이들에게 부모가 직접 가르치는 방식은 추천하지 않습니다. 사춘기 남자아이는 자발적으로 행동할 수 있도록 하는 것이 중요합니다. 공부 방식을 살짝 바꿨을 뿐인데 점수가 오르면 '우와 내가 해냈어!'라며 자신감이 생깁니다. 그 계기가 될 만한 표현을 해 주는 것이 부모의 역할입니다.

아무 감정 없이 하는 말이더라도 '질책'은 문제 해결이 되지 않아요. 해결은 고사하고 아이들에게 상처 입히는 꼴이 됩니다. 아이들은 능력을 부정하는 말보다 "우리 같이 해결 방법을 찾아보자"라는 부모의 말을 기다리고 있습니다.

이런 문제도 몰라?

 우리 아이가 아주 기초적인 문제를 틀린 걸 보게 되면 "이런 것도 몰라?"라는 말을 무의식적으로 하게 되지요. 악의가 없다고 해도 이런 상황에서는 주의가 필요합니다.

 사춘기 남자아이는 언뜻 보기에는 거칠고 둔감한 듯 보여도 엄마가 생각하는 것 이상으로 예민합니다. 근거 없는 자신감을 갖고 있는가 하면, 사소한 일로 의기소침해져 자신감 또한 쉽게 흔들리는 것이 이 시기의 특징이기도 합니다. 앞서 언급한 것처럼 '질책'은 최대한 하지 않는 것이 낫다고 말하는 이유도 여기에 있습니다.

가장 괴로운 것은 부모의 질책

사춘기를 겪고 있는 아이들의 하루하루가 마냥 즐거운 것은 아닙니다. 매일 아이들은 수많은 장벽에 부딪히며, 때로는 극복하기 힘든 열등감에 시달리기도 합니다.

과거 부모님들의 사춘기 시절은 어떠셨나요? 즐거웠던 기억도 있지만, 인간관계로 고민하거나 자존심이 상하는 괴로운 경험도 있었겠지요.

누구보다 가장 이해해 주어야 할 부모에게서 질책을 받는 건 매일 아이들이 입고 있는 상처에 일부러 소금을 뿌리는 것과 같습니다. 그로 인해 통증은 심해지고, 남은 상처를 강하게 의식하게 됩니다.

물론 그렇다고 해서 종기를 만지듯 조심스럽게 다뤄야 한다는 말은 아닙니다. 부모로서 해야 할 일은 상처의 직접적인 케어가 아니라 영양분을 충분히 공급하여 아이들 스스로 치유 능력을 높일 수 있도록 도와주는 것입니다.

"망쳤네."
"못했네."

위와 같은 부정적인 말들을 부주의하게 사용하는 대신 내 아이의 좋은 점, 잘하는 점들을 아낌없이 칭찬해 주는 것이 무엇보다 중요합니다.

가르치기보다 가르침 받는 게 필요

"이런 문제도 몰라?"라는 말이 불쑥 튀어나오는 것은 '그 문제 정도는 풀 수 있으면 좋겠다'라는 엄마의 바람을 담은 표현일 겁니다. 그렇다면 그때 필요한 말은 아이가 그 문제를 풀 수 있도록 '응원'하는 말이어야 하지 않을까요?

예를 들어 "이 문제는 엄마도 모르는데 풀 수 있어?"라고 물어보세요. "모른다"고 말하면 "그럼, 알게 되면 엄마한테도 알려 줘"라고 말을 하는 것입니다.

어떤 어머니는 "그 시간에 차라리 아이에게 제가 직접 가르치는 게 낫겠어요!"라고 말하기도 합니다. 그러나 사춘기 남자아이의 경우에는 가르치는 것보다 가르침을 받는 게 유리합니다. 타인에게 가르치는 목적이 있으면 이 시기 남자아이들은 능동적으로 배우기 때문입니다.

누군가에게 어떤 개념을 가르칠 때에는 그것을 완전하게 이해하고 있지 않으면 설명을 제대로 할 수 없습니다. 그런 의미에서 아이에게 설명하도록 유도하는 건 지식을 습득하는 지름길입니다. 따라서 비록 답을 알고 있더라도 어머니는 능숙한 연기자가 될 필요가 있습니다.

이후 아이가 실제 가르칠 수 있게 된다면 이렇게 마음껏 칭찬해 주세요. 그럼으로써 흔들리기 쉬운 그들의 자존심을 세워 줄 수 있습니다.

"설명을 들으니까 이해가 되네! 대단해!"

딴짓하지 말고
책상에 좀 붙어 있어!

대부분의 어머니들은 아이가 책상 앞에 오래 앉아 있으면 열심히 공부한다, 짧으면 공부는 안 하고 딴짓하고 있다고 생각하는 경향이 있습니다.

그러나 책상에서 하는 공부만이 전부는 아닙니다. 공부는 어디까지나 문제를 이해하기 위해 머리를 회전시키는 행위입니다.

현재 필자가 근무하고 있는 기타가마쿠라여자학원에서는 매일 조회 시간에 '10분 테스트'라는 것을 시행하고 있습니다. 이 시험은 전날 배운 수업 내용 중에서 각 과목별 한 문제씩 중요한 키워드를 답하게 하는 것으로 수업을 잘 들었다면 반드시 풀 수 있는 문제들입니다.

이런 쪽지 시험을 매일 치르면서 학생들은 머리를 회전시키고, 수업에 참여하는 자세를 체득해 나갑니다. 이것이 '10분 테스트'의 목적입니다.

수업 시간에 집중하여 머리를 회전시키면 특별히 복습을 하지 않아도 공부는 충분하게 완성됩니다. 집에 돌아가서 일부러 책상에 앉아 있을 필요는 없다는 것이지요. 개중에는 가정 학습이 중요하다는 선생님도 있지만, 공부는 학교에서 하는 편이 확실히 효율적이라고 생각합니다.

시간이 부족할 때 하는 복습 방법

사실 필자는 중·고등학교 시절 집에서 공부했던 기억이 거의 없습니다. 방과 후에는 학생회 활동으로 바빠서 책상에 앉을 시간조차 없었습니다.

시간이 부족했기 때문에 어떻게 하면 효율적으로 공부할 수 있을지 늘 생각했고, 나름대로의 방법을 찾아냈습니다. 그것은 바로 쉬는 시간에 틈틈이 필기 노트를 다시 들여다보며 직전 수업 내용을 머릿속으로 복기해보는 것이었습니다.

이해되지 않는 내용은 선생님이나 친구들에게 물어봐서 바로 해결했습니다. 학교에 있는 동안 공부를 끝냈기 때문에 집에서 책상에 앉을 필요는 없었습니다. 다행히 이 방법으로도 낙제할 정도로 낮은 성적을 받은 적은 없었습니다.

집에서 공부를 많이 하지는 않았지만 결코 태만했던 건 아닙니다. 그러므로 책상 앞에 오래 앉아 있지 않는다고 해서 '공부는 하지 않고 딴짓하고 있다'고 오해를 사는 아이들의 이야기를 들으면 "그건 억지다!"라고 반론을 제기하고 싶을 정도입니다.

수업에 집중하는 것이 최고의 학습 방법

어머니들은 집에서도 공부하면 더 나은 점수를 받을 수 있다고 생각하겠지요. 그러나 안타깝게도 많은 시간을 들여 공부한다고 해서 성적이 오른다고 장담할 수는 없습니다.

수업 시간에 충분히 이해할 수 있다면 그보다 좋은 방법은 없습니다.

"공부 좀 더 해!"

위처럼 말하는 것보다 아래처럼 말해 주는 편이 훨씬 효과적이고 효율적입니다.

"집에서 공부할 필요 없게 수업 시간에 확실하게 듣고 와!"

걱정될 정도로 낮은 점수를 받는 아이는 공부에 태만하다기보다는 학교 수업을 따라가기에 너무 뒤처져 있어 그 시간을 헛되이 보내고 있을 가능성이 높습니다. 그런 경우 무리하게 책상에 앉히는 건 역효과만 날 뿐입니다.

수업에 못 따라가는 것인지, 생활의 리듬이 깨져서 수업에 집중할 수가 없는 것인지 아이와 이야기 나누면서 원인을 찾아야 합니다.

다음 시험
잘 보면 사줄게

선물을 조건으로 아이에게 성적을 올리도록 독려하는 어머니들이 많습니다.

"○○하면 ○○ 사도 돼."

요즘 아이들에게 가장 매력적인 선물은 신상 스마트폰이겠지요. 아마도 아이들은 노력하면 원하는 물건을 가질 수 있다는 생각에 필사적으로 성적을 올리려고 할 것입니다. 그 결과 어쩌면 어머니를 만족시키는 점수를 받을 수도 있습니다.

하지만 공부에 대한 진정한 태도를 갖게 하기 위해서는 절대해서는 안되는 방법입니다. 공부를 이용해서 아이의 욕망을 충족시키는 행위이기 때문입니다.

선물 조건의 위험성

앞에서 설명했던 공부에 대한 동기 4단계 중 대부분의 아이들은 3단계에 속해 있습니다. 즉 비록 공부를 좋아하지는 않지만, 해야 하는 것으로 인지하고 있는 단계의 아이들이지요.

사실 이 단계에 있는 아이들은 무척 유동적입니다. 현재는 3단계라고 해도 아주 작은 계기를 통해 공부에 매진하여 자신의 목표를 달성하고자 하는 2단계에 올라서기도 합니다. 혹은 2단계에 이르지는 못했어도 3단계와 2단계 사이에서 정착하는 경우도 있습니다.

시험 기간이 다가오면 많은 아이들은 3단계보다 2단계에 가까운 의식으로 변화됩니다. 일시적으로 3단계로 되돌아가는 경우도 있지만, 큰 흐름으로 봤을 때 나이를 먹는 만큼 3단계에서 2단계 혹은 1단계로 옮겨 가는 것이 이상적인 성장 과정입니다.

그 기간 동안 부모도 아이를 도울 수 있는 역할을 해야 합니다. 여기서 중요한 것은 어디까지나 아이 자신의 내면 욕구에 의해 단계를 올라가야 한다는 점입니다.

선물을 조건으로 거는 방법은 그와는 정반대라 할 수 있습니다. 이를 두고 외부의 힘으로 아이들에게 동력을 주는 '외발적 동기유발'이라고 합니다.

'수단이야 어떻든 결과적으로 공부만 하면 괜찮은 거 아닌가?' 생각하는 사람도 있을 겁니다. 하지만 외부의 힘으로 인한 공부는 지속력이 떨어집니다. 신상 스마트폰을 손에 넣으면 순식간에 3단계로 되돌아가 버립니다.

결과적으로 다시 공부를 시키려면 새로운 선물을 조건으로 걸어야만 합니다. 그런 일들이 반복되다 사회에 나가면 금전이나 물질을 위해서만 움직이는 사람이 될 확률이 높습니다.

공부하는 의미

때때로 제자리로 되돌아가면서도 자신의 힘으로 3단계를 2단계로 올리는 경험을 반복하다 보면 아이들은 공부는 자신을 위해서 하는 것임을 깨닫게 됩니다. '어쩔 수 없이 하는 것'이었던 공부가 어느새 '하고 싶어서 하는 것'으로 변화되어 갑니다.

선물을 내건 방법은 '공부는 자기 자신을 위해서 하는 것'이라는 사실을 아이들이 실감할 기회를 빼앗아 버립니다. 그 방법으로는 시간이 아무리 흘러도 아이들이 공부하고자 하는 동기 부여가 되지 않습니다. 이는 돈은 돈대로 지출되면서 원하는 결과로는 이어지지 않는 매우 손해 보는 방법입니다.

포상을 공부의 목적으로 만들어서는 안됩니다. 좋은 결과가 나왔다면 고생했다는 의미를 담아 평소보다 호사스러운 음식을 먹게 해 주는 정도면 적절합니다.

그러게 미리 좀
해 놓지!

시간이 충분히 있었음에도 불구하고 내내 놀다가 임박해서야 한다고 허둥대는 아이들의 모습을 자주 보실 겁니다. 안타깝게도 그건 남자아이들의 기질입니다.

날마다 조금씩 성실하게 해 나가는 것이 얼마나 중요한지 엄마는 알고 있지만, '조금씩 성실하게'라는 말은 남자아이들의 사전에는 없는 단어입니다.

"왜 미리미리 하지 않는 거야?"

아무리 다그쳐 봤자 이유가 있을 리 만무합니다.

그럼에도 시간을 관리하는 능력은 필요합니다. 조금씩 성실하게 노력하는 것이 서툰 남자아이들에게는 제대로 계획을 세울 수 있게 옆에서 도와주어야 합니다.

계획을 세우도록 독려

처음 아이에게 계획표를 만들라고 하면 방법을 몰라서 너무 빡빡하거나 혹은 너무 느슨하게 계획을 세우곤 합니다. 그렇다고 해도 엄마가 나서서 계획을 잘못 세웠다고 부정적으로 말하는 것은 좋지 않습니다.

우선은 본인이 계획한 대로 해보는 것이 좋아요. 부모의 예상대로 잘되지 않더라도 무엇이 문제였는지 아이 스스로 진지하게 생각해보는 계기가 됩니다.

"수학은 시간을 들여 공부한 덕분에 좋은 점수를 받았구나."

문제점을 되짚어 볼 때 위와 같이 성공한 부분에 대해서는 정당하게 인정해 주어야 합니다.

"영어 단어를 암기할 시간이 부족했나 보다."

위처럼 실수가 있다면 우선 그 부분만 수정하도록 합니다. 이것도 해보고 저것도 해봐라 욕심을 내는 건 추천하지 않습니다. 실패한 방법을 개선하는 것은 생각보다 힘든 일입니다.

물론 바꾼 방법으로도 실패할 가능성은 있습니다. 그때는 또 다시 잘못된 부분을 개선하면 됩니다. 시행착오를 거치면서 조금씩 자신에게 맞는 일정을 짜는 방법이 보이게 됩니다. 좋은 일정을 찾을 수 있도록 차분하게 대응해야 합니다.

점수가 나빠도 야단은 지양

일주일간의 일정을 계획할 때 7일째는 자유 시간을 갖는 것이 좋습니다. 이 부분은 아이들이 계획을 세울 때 처음부터 말해 주세요.

여분의 시간을 마련해 두면 일주일 중에 부족했던 부분을 메울 수 있습니다. 계획대로 6일을 잘 보냈다면 7일째는 마음껏 놀아도 되니까 그 점을 동기 삼아 분발하는 아이도 있습니다.

그러나 현실은 대체로 계획대로 돌아가지 않지요. 예상치 못한 일이 발생할 수 있기 때문에 어쩌면 당연한 것입니다. 아이는 스스로 계획을 세우고, 실행하고, 실패하는 과정을 통해 이상적인 방향대로 흘러가지 않는다는 사실을 알게 됩니다.

만약 시험 전에 애써 세운 계획표대로 실행하지 않더라도 모른 척해 주세요. 생각했던 결과가 나오지 않았을 때는 원래 스케줄대로 공부하지 않았던 부분이 원인임을 아이가 깨달아야 합니다.

부모가 관여할 수 있는 것은 그것뿐입니다. 성적이 나쁘다고 그 자체를 꾸짖을 필요는 없습니다. 야단치고 싶어도 꾹 참아야 합니다. 계획을 세우고 그대로 실행하는 일련의 과정이 얼마나 중요한지를 아이에게 이해시켜야 합니다.

시험 몇 개 틀렸어?

많은 어머니들이 시험 결과에 촉각을 곤두세우고, 결과가 어떤지 일일이 캐묻곤 하지요.

"오늘 시험 어떻게 봤어?"
"너희 반 애들은?"

아이가 초등학교 저학년이라면 모르겠지만, 사춘기 남자아이들은 세세하게 상황 보고를 할 가능성은 낮습니다. "그냥"이라든가 "몰라"라며 넘어가려고 합니다.

"그냥이라니? 그게 무슨 소리야?"

아무리 파고들어도 아이들은 귀찮다는 듯이 방에 틀어박혀 버립니다.

그날의 시험 결과가 어땠을지는 아이의 표정을 잘 관찰하면 상상이 되지 않을까요. 그러니 시험을 못 본 것 같으면 굳이 일일이 물어봐서 불편한 분위기를 조성할 필요는 없습니다.

평상시 많이 치르는 쪽지 시험이나 중간·기말고사의 결과에 부모님이 너무 참견하는 것도 좋지 않습니다. 다만, 아이가 중학교 1학년일 때는 초등학교 때부터의 학습 이행이 제대로 되고 있는지의 여부를 파악하는 정도에서 관심을 두는 것은 좋습니다.

점수를 질책하는 것은 금지

부모가 지나치게 간섭하면 '자신이 이해하고 있는 것과 그렇지 않은 것을 확인하고, 그것을 다음에 활용한다'는 시험 본래의 목적을 잃어버리고 맙니다. 부모에게 야단맞은 그 자체로 끝나 버리기도 하고, 개중에는 부모에게 야단맞지 않으려고 점수를 조작하는 아이도 있습니다.

어머니들은 성적이 높고 낮은 것에 관심이 쏟아지겠지만, 성적보다는 그 내실을 살펴보는 것이 더 중요합니다.

칭찬을 하더라도 단순하게 점수를 칭찬하는 것이 아니라 아래처럼 표현을 해 주세요.

"어머, 너 이런 문제도 알고 있었어? 진짜 똑똑하네!"

반대로 성적이 좋지 않을 때는, 점수가 낮다는 사실은 본인이 누구보다 잘 알고 있으므로 그 상황에 굳이 질책하는 것보다는 틀린 문제에 주목하여 다시 풀어 보고 이해하고 있는지 물어봐야 합니다.

본인이 기어를 올릴 때까지 기다리기

"형편없는 점수를 받고서도 전혀 신경 쓰는 기색이 없어요!"

앞처럼 탄식하는 어머니들이 있습니다. 그러나 성적에 일희일비하지 않는 자세가 오히려 건전한 공부 태도가 되기도 합니다. 그런 아이라도 낙제 점수가 나오면 '이건 아닌데'라며 다소 공부의 기어를 올리려고 합니다.

특히 남자아이의 경우는 스스로가 진심으로 '좀 불안한데'라고 생각하지 않는 한 주위에서 어떤 말을 해도 좀처럼 행동으로 연결시키지 않습니다. 아무리 혼내도 부모 자식 관계만 안 좋아질 뿐입니다.

반대로 결과를 너무 신경 쓰는 아이는 생각했던 성적이 나오지 않은 것만으로도 공부 자체가 싫어질 위험성이 있습니다. 이런 경우 대부분은 부모의 과잉 간섭이 원인입니다.

부모로서 아이의 학습 능력이 신경 쓰이는 건 누구나 마찬가지일 거예요. 하지만 되도록이면 겉으로 드러내는 건 자제하고, 옆에서 지켜보는 자세를 일관하는 편이 결과적으로 더 좋습니다.

너는 날 닮아서 문과야

 부모가 가끔은 자녀에게 자신이 어렸을 때 이야기를 하곤 하지요. 자랑이나 "나 때는 말이야" 식의 이야기가 아닌 이상 아이들은 흥미롭게 들을 거예요. 지금은 잔소리만 하는 엄마, 아빠도 나와 같은 시절이 있었고, 나와 비슷한 과정을 거쳐 지금 부모의 모습이 되었다는 걸 알고 나면 더 친근감을 갖기 때문입니다.

 그렇다고는 해도 아이가 부모와 같은 길을 가겠다고 생각하는 건 아닙니다. 오히려 부모와 다른 길을 가겠다고 생각하는 아이도 있을 거예요. 그런 생각 자체는 어느 쪽이라도 상관없습니다.

사춘기 아이들은 앞으로 어떻게 살아가야 할지에 대한 밑그림이 거의 없는 상태입니다. 그런 시기에 듣게 되는 부모의 경험담은 자신의 장래를 구체적으로 마음에 그릴 수 있는 힌트가 됩니다.

아이의 가능성을 부정하는 확언

부모는 좋든 싫든 아이들의 롤 모델이 됩니다. 그것이 '자식은 곧 부모의 분신'이라는 뜻은 아닙니다. 부모와 자식인 이상 닮은 부분이 있다 하더라도 전혀 다른 인격을 가진 존재입니다.

아이가 부모에게는 없는 재능을 가지고 있거나, 그 반대인 경우도 많습니다. 그러므로 부모가 문과의 성향이라고 해서 자녀도 문과라고 할 수는 없는 것이지요.

비록 지금은 문과 계열이 맞는 듯이 보여도 성장하고 있는 이상은 결과가 정해져 있다고 보기 어렵습니다. 앞으로 어떻게 성장해 나갈지 아무도 모릅니다.

그럼에도 성급하게 단정해 버리면 자녀에게 불필요한 선

입견을 심어 주는 것과 마찬가지입니다.

"너는 문과 체질이야."
=
"너에게 이과는 힘들어!"

중고생은 미래에 대한 가능성이 무한한 나이이므로 선택의 폭을 굳이 좁히는 대신, 본인이 유연하게 자신의 미래를 고민할 수 있도록 지지해 주는 것이 중요합니다.

또한 한 분야가 서툴다고 해서 전체를 부정하는 것은 옳지 않습니다. 예를 들어 방정식 문제는 서툴러도 도형 문제는 술술 풀어내는 아이도 얼마든지 있습니다. 축구나 야구에는 재능이 없다 해도 그건 스포츠의 일부를 못하는 것일 뿐입니다. 스포츠에도 분야가 다양하기 때문에 유도나 수영에 재능을 발휘할 가능성은 충분히 있습니다.

그런데도 수학이 서툴다거나 운동을 못한다고 전부를 못하는 것처럼 몰아붙이면 아이 스스로도 '나는 수학을 못해', '나는 스포츠가 맞지 않아'라며 아예 포기해 버릴 것입니다. 부모에게서 "나를 닮아서"라는 말을 듣고 자라면 유전적인 문제라고 믿는 것도 무리는 아닙니다.

긍정적으로 보아야 할 아이의 재능

어머니들이 여기에서 주의해야 할 것이 있습니다. 아이가 재능이 없다고 판단하고 선택의 폭을 좁히는 것과 아이가 재능은 보이지 않더라도 좋아하는 분야의 특기를 살리는 것은 완전히 다르다는 것입니다. 아이의 재능에 대해 부정적인 자세로 대하느냐, 긍정적인 자세로 대하느냐의 차이입니다.

자녀의 재능이 풍부하게 꽃피울 수 있는 건 후자임에 틀림이 없습니다. 아이에게 어떤 재능이 있는지, 어느 분야가 맞을지 관심 있게 살펴보고 적합한 것이 있으면 그 분야의 재능을 마음껏 펼칠 수 있도록 격려해 주고 맞서서 할 수 있는 기회를 만들어 주세요.

부모의 역할은 아이의 부족한 점을 단정 짓는 것이 아닙니다. 좋아하는 일, 적성에 맞는 일에 충분히 도전할 수 있도록 지원하는 것입니다.

Column **남자아이와 여자아이의 차이 1**

집중형의 남자아이, 노력형의 여자아이

 필자는 2020년 4월부터 기타가마쿠라여자학원의 학원장으로 근무하고 있습니다. 그곳에서 목격하는 여자아이들의 모습은, 만 9년을 보냈던 가이세이중·고등학교의 남자아이들과는 확연하게 달랐습니다.

 여자아이는 꾸준히 성실하게 노력을 거듭하는 아이가 많다는 인상을 받았습니다. 다른 무엇인가에 몰두하더라도 매일 책상에 앉는 아이가 대부분입니다. 비록 마음이 내키지 않더라도 '조금씩이라도 해 두면 나중에 편하다'라고 생각하고 실행합니다. 이것이 여자아이의 특징입니다.

 한 권의 문제집을 끝마치려면 '하루 ○○페이지씩 ○○일간 완성' 하는 계획 방식은 성실한 노력형의 여자아이이기 때문에 가능한 공부 스타일입니다.

 반면 남자아이는 해야 할 일을 언제까지고 미루고 하지 않으려고 하며, 좋아하는 일에 몰두하다 보면 공부는 뒷전으로

밀려납니다. 시간은 충분하게 있는데도 마음이 내키지 않으면 손을 대지 않습니다. 처음부터 남자아이들은 공부할 시간이 있느냐 없느냐보다 지금 공부를 하고 싶은가 아닌가의 여부가 중요합니다.

그러나 마음만 먹으면 폭발력이 있는 것이 남자아이들이기도 합니다. 비록 시험 이틀 전이라도 '그럼 해볼까' 생각하면 집중력을 발휘하여 놀랄 만한 결과를 내기도 합니다.

손도 대지 않았던 문제집이라도 마음만 먹으면 하루에 끝낼 수도 있는 것이 남자아이의 강점이며, 이것은 꾸준히 공부하는 스타일의 여자아이에게서는 그다지 볼 수 없는 특징이기도 합니다.

그런 남자아이들의 모습을 보고 어머니들은 '좀 더 일찍부터 했다면 더 좋은 결과를 얻을 수 있지 않을까?'라고 생각할 것입니다. 하지만 안타깝게도 남자아이들에게 그런 가정은 성립되지 않습니다. 발동이 걸리지 않았는데 출발하는 건 어려운 일이니까요.

자신의 경험에 비추어 '꾸준히 노력하는 것이 옳다'는 신념이 강한 어머니는 같은 방식을 아들에게도 밀어붙이려고 하지만 그 방법은 권장하기 어렵습니다. 남자아이의 본래 특성에 반하는 것은 엄청난 고생을 수반하는 것에 비해 좋은 결과로 이어지지 않기 때문입니다. 이런 경우에는 남자아이의 폭발력에 기대하는 편이 더 좋은 결과를 얻을 수 있습니다.

CHAPTER 02

대화를 더 많이 하고 싶다면

또 핸드폰 보고 있지?

음악, 동영상, 게임 등 다양한 앱app을 사용할 수 있는 스마트폰은 사춘기 남자아이들에게는 필수 아이템이 되었습니다.

아이들에게 스마트폰은 양날의 검과 같습니다. 일상생활의 필수품이 되었지만 잘못 사용하면 위험에 빠질 수 있기 때문에 부모의 관리 하에 사용하는 것이 중요합니다.

유사시에는 그 내용을 언제든지 볼 수 있도록 부모도 비밀번호를 공유해야 한다는 사실을 아이들에게 납득시켜야 합니다. 그것이 제3자와 쉽게 연결될 수 있는 위험에서 아이들을 보호할 수 있는 최소한의 수단이 됩니다.

아무리 잘 설명해도 아이들에게 비밀번호를 물어보면 틀림없이 프라이버시 운운하며 반발할 게 뻔합니다. 그래도 보호자이자 요금을 지불하고 있는 사람은 부모라는 사실을 인식시키고, 프라이버시 보호는 성인이 되어 스스로 요금을 낼 수 있을 때부터라고 단호한 자세를 보여 줘야 합니다.

자녀에게 스마트폰을 주었다면 위험으로부터 보호하기 위한 '방파제'를 만들어 두어야만 합니다. 그리고 그 방파제를 만드는 것은 자녀가 미성년일 때는 부모가 해야 할 역할입니다.

시간 관리를 위한 훈련

비밀번호 관리 못지않게 스마트폰 사용에 대한 시간 규제도 중요한 문제입니다.

아이에게 '○○시 이후 스마트폰 사용 금지' 규정이 있다면 정해 놓은 시간 안에 사용해야 하기 때문에 결국 시간 관리와도 연결이 됩니다. 따라서 중학생이 되면 사용 규칙은 아이 스스로 결정하도록 하는 것이 좋습니다.

또한 사용 가능한 데이터양의 제한을 두거나 와이파이가 연결되지 않도록 하는 대책을 세워 과다 사용을 막을 최소한의 방법도 마련해야 합니다.

한번 빠지게 되면 헤어나기 어려운 게임에 대해서도 마찬가지입니다. 부모가 정한 규칙을 억지로 따르게 하면 과다 사용은 막을 수 있을지 몰라도 시간 관리를 위한 능력은 키울 수 없습니다.

시간 관리 능력은 사회로 나가게 되었을 때 꼭 필요한 기술이며, 이것이 몸에 배어 있고 없고가 차후 대학 입시에도 큰 영향을 줍니다.

처음에는 너무 많이 사용해서 수면이 부족한 상황이 오거나 성적이 떨어지는 실수를 반복하겠지만, 모든 실패의 경험은 헛된 것이 없습니다. 기본적으로 아이에게 맡기고 부모는 거리를 두고 지켜보는 자세를 취하는 것이 바람직합니다.

아이들 스스로에게 시간 관리를 맡길 때 중요한 점은 시간과 비용을 강하게 인식시키는 것입니다. 수면과 식사를 잊을 정도로 오로지 게임에 몰두하는 것은 단순한 시간 낭비일 뿐이라고 철저하게 이해시켜야 합니다.

몰입할 수 있다면 게임이라도 괜찮다

아이가 몇 시간이고 스마트폰만 들여다보고 있으면 이렇게 언성을 높이게 되지요.

"적당히 좀 해!"

하지만 반대로 아이가 어떤 것에도 의욕이 없고, 하루 종일 멍한 상태로 지낸다면 그거야말로 걱정거리가 아닐까요?

게임에 관해서는 병적인 의존증 수준이 아니라면 그렇게까지 걱정할 필요는 없습니다. 비록 그 대상이 게임이라 해도 몰두할 수 있는 것을 찾아 나가는 아이는 앞으로 성장할 가능성이 있습니다.

그러므로 스마트폰이나 게임을 모두 부정할 필요는 없습

니다. 우선은 집중할 수 있는 무언가가 있어서 다행이라고 안심하세요. 거기에서 파생되어 자신이 잘할 수 있는 것을 발견하기도 합니다.

집안일은 됐고
공부나 해!

아이가 초등학생일 때는 자잘한 심부름을 시키며 집안일을 거들게 했던 어머니들도 자녀가 중고생이 되면 공부를 이유로 면제시키고 있지는 않은가요?

자녀가 공부만 한다고 하면 집안일은 돕지 않아도 된다는 생각을 어머니가 갖고 있으면, 그 가치관이 아이에게 자연스럽게 스며들어 '일만 하고 있으면 집안일은 하지 않아도 된다'라고 착각하는 남성으로 자라게 됩니다.

아이가 공부를 게을리하면 야단을 치는 어머니들 많지요.

"앞으로 너 어떻게 살라고 그래?"

그런데 시켰던 집안일을 하지 않았을 때에는 어떨까요?

"어휴, 하라고 했더니 안 했네. 어쩔 수 없지."

위처럼 비교적 느슨하게 대응하곤 합니다. 특히 대상이 남자아이일 때 그런 경향이 더 강하게 드러납니다.

그러나 남자아이라도 집안일을 하지 않고 자라게 되면, 생각하기에 따라서는 공부가 뒤처지는 것 이상으로 미래의 아이 자신이 곤란해집니다.

집안일은 살아가는 데 필요한 최소한의 기술입니다. 공동생활을 하는 가족의 일원으로서 집안일을 돕는 것은 당연한 일입니다. 만약 가정에서 어머니 혼자서만 집안일을 하고 있는 상황이라면, 역할 분담에 대해 가족 모두가 한번은 확실하게 논의해야 합니다.

집안일을 하는 것에 대해 아버지가 긍정적으로 받아들이지 않는 가정도 아직 있는 것 같지만, 아이들의 장래를 위해서라도 꼭 아버지에게 사고방식의 개선을 요구해야 합니다.

명령어 대신 부탁의 어조로

"귀찮아!"

지금까지 거의 거들어 준 경험이 없는데 사춘기가 돼서 갑자기 집안일을 도우라고 하면 대개의 남자아이들은 노골적으로 싫은 얼굴을 하며 위처럼 말하곤 합니다. 안타깝게도 그건 지금까지 했어야 할 일을 시키지 않았기 때문에 발생한 결과이기도 합니다.

그러므로 포기하지 말고, 경우에 따라서는 지금까지 했어야 하는 걸 시키지 않았던 부모의 잘못임을 솔직하게 말해야 합니다. 그리고 반듯한 어른이 되기 위해서는 꼭 필요한 일임을 차근차근 설명해 주어야 합니다.

아이에게 일을 시킬 때에는 "이거 해!"라는 명령형의 대화법보다는 "도와주면 고맙겠다!"라고 말하는 것이 더 도움이 됩니다.

누군가를 돕는 일은 반항기인 아이들이라도 그다지 힘든 일이 아닙니다. 게다가 자신이 한 일에 대해 고마움을 표현하는데 나쁠 리가 없습니다.

돕는 시간을 내는 것에 의미두기

처음부터 아이에게 이것저것 부탁하는 것보다는 쓰레기 버리기나 화장실 청소 등의 작은 일을 하나씩 실행시키는 것이 좋습니다. 비록 작은 일이라도 매일 반드시 하는 것이 중요합니다.

집안일은 '일상'이기 때문에 설사 중요한 시험을 앞두고 있더라도 제외시킬 필요는 없습니다. 어떤 상황이든 바쁜 가운데 돕는 시간을 내는 것이 시간 관리로 이어지기 때문입니다.

어머니들이 절감하고 있듯 집안일은 누구에게나 귀찮은 일입니다. 그렇기 때문에 도움을 부탁받은 아이들도 어떻게 하면 효율적으로 잘할 수 있을까 고민하게 될 것입니다.

일을 하는 데 효율성을 높이는 능력은 공부뿐만 아니라 미래에 하게 될 업무에도 도움이 됩니다. 그러므로 집안일을 돕게 하는 것은 일석이조 이상의 성과를 높일 수 있는 이상적인 임무입니다.

동아리 활동보다 공부가 중요하지!

　공부 외에도 열정을 쏟을 수 있는 동아리 활동은 아이들에게 그 자체로 소중한 경험이 됩니다. 우리 아이가 생동감 넘치는 활동을 즐기며 충실한 시간을 보내고 있다면 이보다 우선으로 해야 할 일은 없다고 생각합니다.

　아이가 자라 어른이 되기 위해서는 일정 수준 이상의 지식과 사회성이 필요합니다. 사회성은 사회생활을 하는 데 없어서는 안될 능력이지요.

　우리 집과 남의 집을 구분 짓지 않고 이웃들이 함께 아이들을 돌보는 것이 당연하던 과거에는 다양한 연령층의 사람들과 연결되면서 아이들은 자연스럽게 사회성을 기를 수 있었습니다.

그러나 핵가족화가 진행되고 이웃과의 유대감을 형성하기 힘든 요즘에는 안타깝지만 지역 사회에 그 기능을 맡길 수 없게 되었습니다.

그렇다면 아이들은 어디에서 사회성을 기를까요? 그게 바로 학교입니다.

사회성을 배울 수 있는 기회

학교는 지식을 쌓는 것뿐만 아니라 사회성을 기를 수 있게 도와야 하는 중요한 역할이 있습니다. 일본에서는 동아리 활동이 그 역할을 맡고 있는데요.

2020년 코로나19 바이러스의 감염 확산으로 전국의 학교가 휴교에 들어가게 되면서 아이들의 학습 지연을 걱정하는 목소리가 여기저기서 들려왔습니다.

공부만의 문제라면 인터넷 동영상 강좌로 어느 정도는 해결할 수 있습니다. 휴교가 길어지면서 발생한 진짜 문제는 친구들과 직접 소통을 하거나 동아리 활동의 기회를 빼앗겨 아이들이 사회성을 기를 수 있는 기회를 잃었다는 점입니다.

또한 중등학교의 집단 교육에서는 잘하는 것뿐만 아니라 싫어하는 것도 해야만 합니다. 수학을 못한다고 해서 수학 과목을 뺄 수도 없고, 영어를 잘한다고 영어만을 공부할 수 있는 것도 아닙니다.

그러나 동아리 활동은 자신이 좋아하는 것특기을 선택할 수 있습니다. 다시 말해 개인의 재능을 마음껏 펼칠 수 있는 절호의 기회이기 때문에 아이들은 열중하게 됩니다.

동아리 활동의 중요성

가이세이고등학교에 입학하는 아이들은 초등학교나 중학교에서 상위권의 성적을 받았던 아이들이 대부분입니다.

그런데 입학한 지 한 달 뒤에 치러지는 중간고사에서 1~43등까지 반 순위가 결정됩니다. 지금까지 쭉 상위권에 있던 아이들이기 때문에 그 성적에 만족하는 학생은 반에서 두세 명뿐이겠지요. 나머지 대다수의 아이들은 시쳇말로 멘탈 붕괴에 빠지는 경우가 많습니다.

그래서 필자가 교장을 맡고 있었던 때에는 학생들이 동아리 활동에 참가하도록 적극 장려하고, 토요일에 열리는 대회 참가도 적극적으로 추진했습니다다우리 학교는 토요일도 수업이 있었기 때문에 대회 참가 일정과 중복되는 경우가 많았습니다.

공부를 잘하는 것은 좋은 일이지만 그것은 수많은 대단한 가치 중 하나일 뿐이고, 동아리 활동을 통해 좋아하는 것을 깨닫게 되는 것 역시 그에 못지않다는 걸 알았으면 했기 때문입니다.

동아리 활동에 너무 빠져 있으면 공부할 시간이 모자라는 건 아닐까 어머니들은 걱정할 수도 있습니다. 하지만 동아리 활동을 그만두고 시간이 남아도 그 시간에 집중해서 공부하는 학생을 한 명도 본 기억이 없습니다.

중요한 것은 공부냐 동아리 활동이냐를 선택하는 것이 아니라 공부하는 방법을 연구해서 둘 다 양립시키는 것입니다.

넌 만화만 들여다보니?

 TV나 동영상을 보는 것과는 다르게 책을 읽는 행위는 능동적인 일입니다. 읽고자 하는 의지가 없으면 읽을 수 없는 것이 바로 책입니다. 그러므로 아이가 열심히 들여다보고 있는 것이 비록 만화책이라고 하더라도 의욕을 갖고 있다는 것을 긍정적인 신호로 받아들일 필요가 있습니다.

 만화책을 많이 본다고 아이에게 어떤 문제가 생기는 건 아니에요. 오히려 만화에서 얻을 수 있는 지식은 생각보다 훨씬 많습니다. 실제로 필자가 미국에서 공부할 때 두 아들에게 일본 만화는 일본어를 배울 수 있는 좋은 교재였습니다.

그럼에도 매일 만화만 들여다보고 있는 아이들을 보면 걱정스러울 겁니다. 제아무리 만화에 정보량이 많고 유익한 내용이 많다고 해도 모든 지식을 만화에서 배울 수는 없기 때문이지요.

긴 글을 읽기 위한 훈련시키기

아이가 매일 같이 들여다보는 게 만화에만 치중되어 있다면, 어린 아이가 그림책을 즐겨 읽는 것처럼 시각적인 지원이 아직 필요한 것일 수 있습니다. 즉 이미지 없이 글자만으로는 내용을 이해하는 힘이 미숙한 것이지요.

왜 그럴까요? 대부분은 단순한 경험 부족이거나 훈련 부족입니다. 요즘은 대부분의 학습 교재들이 만화로 만들어져 있습니다. 그것에 익숙한 아이들이 글밥이 많은 책을 읽고 이해하기까지는 훈련이 필요합니다.

국어 교과서를 읽는 것도 그 훈련의 일환이지만, 그것만으로는 충분하다고 할 수 없습니다. 만화 이외의 것들로 독서의 기회를 적극적으로 넓힐 필요가 있습니다.

예를 들어 아이가 좋아하는 만화가 있다면 그 내용과 관련된 책을 추천해보는 것도 좋습니다. 또는 영화나 드라마의 원작 도서가 있다면 이미지를 글로 이해하는 데 도움이 됩니다.

하지만 어지간히 흥미가 있는 장르가 아니라면 읽으라고 강요하는 책은 어른들도 좀처럼 읽고 싶은 마음이 생기지 않지요. 따라서 기본적으로는 아이 스스로 선택하도록 하는 것이 좋습니다.

부모가 먼저 책을 읽어야

위에서 말한 것처럼 일단 몇 권은 아이가 원하는 대로 책을 고르게 하고, 거기에 부모가 한 권을 추천하는 방법을 권합니다.

최근에 재미있게 읽었던 책도 좋지만 자신이 사춘기 시절에 읽고 인상 깊었던 것을 아이에게 권하는 것도 좋습니다. 읽었을 때 어떤 감상이었는지를 함께 전달하면 의외로 관심을 보이기도 합니다. 평소 잔소리만 하던 부모의 다른 모습을 볼 수 있기 때문이지요.

최근 일본에는 아이들이 책을 멀리하는 현상에 대한 보도가 봇물을 이루고 있습니다. 한 달에 한 권도 책을 읽지 않는 아동과 학생은 중학교 1학년 5.1퍼센트를 시작으로 학년이 올라감에 따라 증가하여 고등학교 3학년에서는 41.3퍼센트라는 결과가 나왔습니다 2019년 아동과 학생의 독서 상황 조사.

책을 읽지 않는 아이들을 보고 아무리 탄식해도 단시간에 해결할 수 없습니다. '아이들은 부모의 뒷모습을 보고 자란다'는 말이 있지요. 부모가 독서하는 모습을 아이들에게 보여 준다면, 자연스럽게 책은 아이들에게도 친근한 존재가 될 것입니다. 그런 의미에서 아이에게 독서 습관을 들이고 싶다면 먼저 부모가 책을 가까이 해야 합니다.

남들이
엄마를 흉봐!

 남들 앞에서 책잡힐 만한 행동을 한 아이를 보면 이렇게 말하는 어머니들 많을 거예요.

 "너가 그렇게 행동하면 남들이 엄마를 어떻게 생각하겠니?"

 어머니의 본뜻은 '너의 행동은 제3자가 볼 때 허용되지 않는 짓이야. 그러니까 해서는 안돼!'라는 것입니다.
 하지만 부모 자식 간에 이런 식으로 빙 둘러 표현할 필요는 없습니다. 애초에 옳고 그름의 판단을 남들의 시선이나 판단에 기대는 말은 부모로서 무책임합니다. 아이들도 타인을 의식해서 말하는 부모를 신뢰하지 않습니다.

"엄마를 흉봐!"

마찬가지 이유로 위의 말도 마땅히 피해야 할 표현입니다. 아이의 행동이 용납되지 않는다면 다음처럼 확실하게 말하면 됩니다.

"나는 너의 그런 행동은 싫어."

굳이 타인을 개입시킬 필요는 없어요. 아이를 훈육하려면 주어는 항상 '나' 혹은 부모를 가리키는 '우리'로 하고, 부모의 시점에서 솔직하게 말하는 것이 중요합니다.

항상 타인의 시선을 의식하는 아이에게

어른들 중에는 아이들이 무엇인가 하려고 하면 "남에게 폐를 끼쳐서는 안된다"라고 훈계하는 사람들이 있습니다.

남에게 피해를 주지 않는 아이 = 착한 아이

위처럼 생각하는 믿음이 지나치게 강한 것이겠지요.

물론 그것은 사회생활을 하는 데 중요한 매너 중 하나입니다. 다만, 도가 지나치게 되면 아이는 세간의 시선이나 타인의 평가에 판단 기준을 두게 되어 본인만의 의견을 가질 수 없게 됩니다. 게다가 타인이 실제로 어떻게 생각하는지 알 수 없기 때문에 대부분의 경우 무난한 선택을 하려고 합니다. 그 결과 당연히 운신의 폭은 좁아지게 됩니다.

남들의 시선이나 타인의 평가를 지나치게 의식하게 되면 과감한 행동은 시도조차 하지 않으려고 합니다. 그렇게 자란 아이일수록 미래에 성공할 가능성은 낮을 수밖에 없습니다.

누군가에게 폐를 끼친다는 이유만으로 하고 싶은 걸 계속 참아 내는 인생은 즐거울 수 없습니다. 아이의 가능성을 넓히고 보다 풍요로운 인생을 살아가기를 원한다면 타인이 아닌 자신의 관점으로 먼저 생각할 수 있도록 격려와 조언이 필요합니다.

같은 제3자의 존재를 의식한 표현이라도 다음과 같은 말이 바람직합니다.

"내가 당해서 불쾌한 일은 남에게도 하면 안돼."

이런 표현은 그것이 불쾌한지 아닌지를 판단하는 주체가 어디까지나 자기 자신이 됩니다. 사고의 축을 타인이 아닌 '자신' 쪽으로 향하게 할 뿐만 아니라 옳고 그름의 판단을 본인 스스로 생각하라는 메시지가 됩니다.

본인의 의사 확인이 우선

지나치게 분위기를 의식한 나머지 자신의 주장을 강하게 내세우지 못하는 아이들도 많습니다.

"선생님은 뭐라고 하셨어?"
"다른 친구들은 어떻게 해?"

위와 같이 판단 기준을 우리 아이가 아닌 다른 사람들에게 맞추는 말을 계속 듣게 되면 아이는 어떻게 될까요? 분명 주위에서는 다루기 쉬운 '착한 아이'로 자랄 확률이 높겠지요. 그럼에도 그렇게 자란 '착한 아이'가 어딘가 다소 부족한 인상을 받는 것 또한 분명한 사실입니다.

  선생님이나 친구들의 의향을 확인하기 전에 아이에게 자신만의 의견을 갖도록 해 주세요. 그러려면 이렇게 먼저 물어야 한다는 것을 어머니들은 명심해야 합니다.

"너는 어떻게 생각하니?"

학원비만
버리고 있잖아

 학원을 보내도 성적이 오르기는커녕 항상 딴짓만 하고 있거나 대충 설렁설렁 공부하는 시늉만 하고 있다면, 자녀에게 투자하고 있는 부모 입장에서 불만이 생기는 것은 당연합니다.

 공부 자체에 관심을 가질 수 있도록 격려하는 것도 필요하지만, 여기에서는 다른 관점의 이야기를 해보려고 합니다.

 사실 위와 같은 상황이야말로 아이들에게 '돈'에 관한 교육을 할 좋은 기회이기도 합니다. 학원비로 매달 얼마나 쓰고 있는지, 1회 수업료가 얼마인지_{한번 빠지면 어느 정도의 손실이 나}는지, 그리고 그에 상응하는 돈을 버는 데는 어느 정도의 노동이 필요한지 등에 중점을 두어 가능한 한 구체적인 숫자를 제시하면서 이야기하는 것이 좋습니다.

중학교 이상의 자녀에게는 학원비가 한 달 생활비 중 어느 정도의 비중을 차지하고 있는지도 함께 알려 주세요. 학원을 다니는 것에는 '비용'이 든다는 것을 제대로 이해시키는 것이 중요합니다.

돈에 관한 교육

미국의 가정에서는 아버지의 연봉이 얼마인지, 올해는 어느 정도 급여가 올랐는지 등의 이야기가 저녁 식탁에 화제가 될 정도로 가계 이야기는 오픈되어 있습니다.

자신의 학비로 부모가 얼마를 지불하고 있는지 아이들은 대체로 파악하고 있습니다. 또한 학교에서도 돈에 대한 투자나 자산 운용에 대하여 실질적인 교육을 받고 있기 때문에 미국의 학생들은 '돈'에 대해 매우 적극적인 자세를 가지고 있는 편입니다.

반면 일본에서는 돈에 관한 이야기를 하는 것은 '상스럽다'는 풍조가 아직까지 뿌리 깊게 남아 있어서 학교에서도 돈에 관한 교육은 거의 하지 않고 있는 실정입니다.

더구나 일본의 부모들은 자식 앞에서 적극적으로 가정의 경제 상황에 관한 얘기는 하지 않기 때문에 아이들은 돈에 대해서는 거의 아무것도 배우지 못한 채 어른이 되어 버립니다. 이것은 일본 교육의 큰 문제점이기도 합니다. 한국도 일본과 크게 다르지 않을 겁니다.

자녀에게 돈 걱정을 시켜야 하는 이유

매달 수십만 원씩 쓰고 있는데도 불구하고 그 비용에 부합하는 성과가 나오고 있지 않다면, 즉 성적이 조금도 오르지 않는다면 부모와 자녀가 함께 그 원인에 대해 솔직하게 대화해야만 합니다.

공부로 너무 부담을 주는 것은 좋지 않다고 생각할 수도 있지만, 사실 남자아이들은 논리적인 이야기를 생각보다 쉽게 이해하는 경향이 있습니다. 쓸데없이 감정에 호소하는 것보다 비용으로 이야기하는 것이 왜 성과를 내야 하는

지 그 필요성을 더 쉽게 깨닫게 됩니다.

반대로 비용에 관한 내용은 숨긴 채 단순하게 "좀 더 열심히 해"라는 말만으로는 전혀 각성하지 않은 채 타성에 젖어 학원을 다닐 수도 있습니다. 결과적으로 돈뿐만 아니라 시간도 낭비하게 됩니다.

"엄마, 학원에 다녀도 성적을 올릴 자신이 없어요."

학원을 꾸준히 보내고 있는데 위와 같이 아이가 직접 말하는 경우도 있습니다. 그렇다면 그 학원은 아이에게 맞지 않는 곳입니다. 그런 경우에는 학원을 옮기거나 그만두고 다른 방법을 선택하는 등의 대책을 세워야겠지요.

우리 아이에게 돈에 대한 걱정을 시키고 싶지 않은 부모님들이 생각보다 많습니다. 그러나 그건 잘못된 생각입니다. 살아가는 데 있어서 '돈'은 없어서는 안되는 것이므로 돈에 대한 걱정을 할 기회, 즉 경제 감각을 익힐 수 있는 기회는 적극적으로 만들어 주는 편이 좋습니다.

부모한테 그게
무슨 행동이야?

 반항기 남자아이들의 난폭한 태도나 말투는 부모에게는 받아들이기 힘든 일입니다. 이때 아이를 야단치는 이유 중 하나가 밖에서 다른 어른들에게도 그런 태도로 대하는 건 아닐까 하는 것이라면 크게 걱정하지 않아도 됩니다.

 앞에서 말했던 것처럼 사춘기 남자아이들은 이중적인 면이 있어서 놀라울 만큼 타인에게는 친절하게 대하기 때문입니다. 그 정도의 예의는 지켜야 한다는 걸 안다는 말이기도 합니다.

 심각한 문제아가 아닌 이상 평범하게 학교생활을 보내고 있다면 거친 태도나 표현을 내보이는 것은 대부분의 경우

자신의 집에서 뿐입니다.

아이들의 거친 말투 속 진심

사춘기 아이들의 거친 태도나 말투는 이 시기 특유에 발생하는 불안감에 대한 표현입니다. 마음속 불안감을 어찌해야 할지 몰라 제일 마음이 편한 사람에게 마구 화풀이를 해대는 것이지요.

"뭐 때문에 그래?"

부모가 아무리 물어봐도 본인조차 왜 그러는 것인지 잘 이해하지 못합니다.

또한 아이들의 폭언은 결코 진심이 아닙니다. 좋은 말로 물어봐도 엄마에게 "시끄러워"라고 소리 지르는 아이들의 말속에는 여러 가지 감정이나 생각들이 숨어 있습니다.

좀 더 자세히 말하면, 일이 자신의 뜻대로 되지 않는데 아무도 알아주지 않는 섭섭함도 있을 거예요. 그런 감정을 제대로 표현할 수 없는 상황에 화가 나서 가장 편한 말로 표현하고 있는 것뿐입니다.

폭언을 내뱉는 것은 잘못된 행동이지만 성장 과정의 하나인 사춘기를 벗어나기 전까지는 아무리 부모가 야단치더라도 그 태도를 고치는 건 어렵습니다. 회유하려고 기분을 잘 맞춰 봐도 결과는 마찬가지일 거예요. 지금은 그런 시기라고 부모도 마음을 굳게 먹는 수밖에 없습니다.

일단 접어 두어야 할 부모의 자존심

자식에게 "시끄러워"라는 말을 들었을 때 어머니가 "부모한테 그 태도가 뭐야!"라고 야단치는 건 왜일까요? 그건 부모로서 자존심이 상했기 때문에 자신의 위엄을 지키기 위해서일 겁니다.

어머니들의 그런 반응은 충분히 수긍이 됩니다. 부모도 사람이기 때문에 가는 말이 고와야 오는 말도 고운 법이죠. 다만, 부모의 자존심을 지키는 것에 앞서, 정체 모를 불안감을 그런 식으로밖에 토로할 수 없는 아이들의 갈등도 이해해 줄 필요가 있습니다.

사춘기 아들에 대해서는 첫째도 인내, 둘째도 인내입니다. 할 수 있는 일이 있다면 그건, 부모가 분노 조절하는 스킬을 익혀 화가 나더라도 그 상황을 유연하게 넘기는 방법을 찾아내는 것입니다.

절대 해서는 안되는 일

부모가 아무리 화를 억누르더라도 예외는 있습니다. 절대로 해서는 안되는 일에 대해서는 명확하게 전달해야 합니다.

"안되는 건 안돼!"
"어떤 핑계를 대도 안돼"

예를 들어 무단으로 외박을 한다거나, 부모님 몰래 돈을 훔치는 등 각 가정마다 규칙은 다르겠지만 절대적인 금지 항목은 전달해야 합니다.

여기서 중요한 점은 지켜야 할 사항을 한두 가지로 정하는 것입니다. 규칙의 숫자가 너무 많으면 아이들 운신의 폭이 좁아지고 규칙의 엄격함도 희미해져 버립니다.

 그리고 만일 규칙을 어겼을 경우에는 아무리 반항하더라도 철저하게 야단쳐야만 합니다. 세상에는 어떤 경우라도 해서는 안되는 일이 있습니다. 그 원칙을 몸소 아이들에게 이해시켜 주세요.

항상 약속을
안 지키잖아!

아이의 잘못을 나무랄 때 '항상'이라는 단어를 많이 사용하지요. 이 단어에는 지나간 과거의 일도 포함되어 있습니다. 아이를 훈육을 할 때는 과거가 아닌 현재 벌어진 일을 문제 삼아야 하는데도 말이지요.

예를 들어, 아이가 통금 시간을 반복해서 어길 때 이렇게 말을 하는 부모가 많습니다.

"항상 통금 시간을 어기네! 또 놀다 왔지? 공부는 안 하니? 도대체 몇 번을 말해야 알아들어!"

약속을 지키지 않는 아이에게 야단쳐야 할 것은 '오늘 통금 시간을 어겼다'라는 눈앞의 사실뿐입니다.

이런 경우 그 자리에서 꾸짖는 대신 개선할 수 있도록 조언을 하는 것이 훨씬 효과적입니다. 아이가 통금 시간을 지키게 하고 싶다면 아래처럼 가능한 한 구체적인 대책을 제시하는 것이 좋습니다.

"통금 1시간 전에 알람이 울리도록 맞춰 놓는 건 어때?"

그럼에도 부모가 하는 말에 모두 아이가 반발하는 상황이라면, 어떻게 하는 것이 좋을지 아이 스스로 고민하게 하는 것도 한 방법입니다.

야단치는 입장과 당하는 입장의 차이

사람들은 일반적으로 당하는 입장에서는 '항상'으로 느끼고, 행하는 입장에서는 '어쩌다'라고 느끼는 경향이 있습니다. 자신에게는 너그럽고 타인에게는 엄격한 것이 인간의 본성인지도 모르겠습니다.

예를 들어, 약속을 하면 세 번에 한 번은 늦게 나오는 친구가 있다고 해보지요. 지각하는 사람은 어쩌다 한번 지각한다고 생각할 수 있지만, 상대는 '항상 지각하는 사람'으로 착각하게 됩니다.

지각한 당사자 입장에서 보면 지각한 건 세 번 중 단 한번입니다. 그러므로 '어쩌다'인 것인데 "항상 지각하잖아"라고 하면 반발심이 들게 마련이지요. 입장을 바꿔 자신이 어쩌다 실수한 일을 상대가 항상 실수한다고 단정 지으면 "항상은 아니거든!" 이렇게 반박하고 싶어지지 않을까요?

아이들도 엄마가 자신을 마치 상습범인 것처럼 말하면 싫어합니다.

'항상'은 입에 담기 쉬운 말이기는 하나 사실 매우 위험한 단어입니다.

'잘하는 일'에 관심을 돌리기

아이에게 아무렇지 않게 "넌 언제나 그래!"라고 꾸짖는 어머니들은 아이가 '못하는' 일에만 의식이 집중되어 있습니다.

  잘못하는 것만 자주 지적받으면 누구라도 지긋지긋해합니다. 아이의 '못하는' 부분만 보면서 조바심을 내봤자 상황은 달라지지 않습니다. 아이가 '잘하는 일'에 눈을 돌리면 어머니의 마음도 평온해지고, 아이에게 건네는 말투도 바뀔 게 분명합니다.

네 방에서 안 좋은 냄새 나!

　사춘기 시기에는 여자아이와 마찬가지로 남자아이의 신체에도 급격한 변화가 일어납니다. 그것을 머리로는 알고 있어도 갑자기 남자다워진 우리 아이의 모습에 당혹감을 느낄 때가 많습니다. 아이의 귀여웠던 시절을 떠올리며 일말의 미련을 느끼는 분도 있을 거예요.

　그런데 몸의 변화에 대한 당혹감은 어머니보다 당연하게도 아이가 훨씬 큽니다. 그런 상황에 가장 가까운 엄마에게서 "옛날이 더 좋았는데…"라며 변화를 부정하는 듯한 말을 들으면 아이도 성장을 부정적으로 받아들이게 됩니다.

　예를 들어 변성기인 아이에게 "어느 순간부터 목소리가

확 변했어"라는 발언을 하면 마치 변성 상태가 좋지 않은 것처럼 느껴집니다.

엄마가 자신의 몸에 관해 언급하는 것을 싫어하는 아이도 있습니다. 몸의 변화는 자신이 조절할 수 없는 문제이기도 하고, 농담으로도 함부로 이야기해서는 안됩니다. 아버지가 사춘기 딸의 몸매에 대해 이야기하지 말아야 하는 것과 같습니다.

자신의 냄새를 맡지 못하는 아이들

신체적인 변화와는 좀 다르지만 이 시기의 남자아이는 체취도 변화됩니다. 그때 "고약한 냄새!"라고 말하는 것도 역시 해서는 안되는 표현입니다. 다만, 본인이 체취를 자각하지 못하는 경우도 종종 있기 때문에 대인 관계에 문제가 생길 수도 있으므로 이에 대한 대응책을 생각해 두는 것이 좋습니다.

"땀 흘렸구나! 얼른 샤워해."

"머리도 꼼꼼하게 감아."

"데오드란트 써 볼래?"

위처럼 아무렇지 않은 듯이 말해 주는 것이 좋습니다.

그리고 아이 방에서 나는 체취는 이렇게 말하면 냄새 문제는 해결됩니다.

"방에 창문 좀 열고 환기시켜."

SOS가 있을 때까지 조용히 지켜보기

신체의 성장에는 개인차가 있습니다. 남자아이의 경우 좀처럼 키가 잘 자라지 않아 걱정하는 어머니도 많지만, 적어도 부모가 그 점에 대해서 말해봐야 뾰족한 수가 없습니다. 부모가 할 수 있는 것은 영양이 풍부한 좋은 식사를 준비하거나, 충분하게 잘 수 있는 환경을 만들어 주는 것 정도일 겁니다.

아이가 신체 변화에 대해 구체적으로 도움을 요청한 것도 아닌데, 지레짐작으로 엄마가 나서서 이래저래 걱정하는 것도 불필요한 일입니다.

뭔가 도움의 신호가 감지된다면, 어머니가 도움이 될 만한 정보를 전해 주는 것도 좋지만, 애초에 신체의 구조가 달라 잘못된 조언을 해 줄 우려 또한 있습니다. 이런 경우에는 어머니보다는 아버지가 나서는 것이 좋습니다.

신체 변화는 '자녀 독립'의 신호

아이들의 신체에 변화가 일어나면, 그것은 어머니에게는 자녀와 분리될 시기가 다가왔다는 신호입니다. 이것저것 손이 가는 시기는 끝났고, 조금씩 애정의 '뺄셈'을 할 시기가 되었다는 사실을 어머니가 정확히 인식해야 합니다.

그런 의미에서 아이들의 변화가 '외롭다'고 느끼는 것은 당연한 일인지도 모르겠어요. 그렇다고 해서 자녀의 독립을 점점 더 미루게 되면 아이들의 자립 기회를 빼앗는 것이 됩니다.

아이들의 변화에 쓸쓸한 마음이 든다면 또래 아이 엄마들과의 대화로 풀고, 이제는 엄마가 용기를 내서 변화를 일으킬 때입니다.

Column 남자아이와 여자아이의 차이 2

자주 잊는 남자아이, 자존심이 강한 여자아이

아이들 양육의 기본적인 자세는 '야단치는 것보다 칭찬'이어야 합니다. 이점은 상대가 남자아이든 여자아이든 변함이 없습니다.

그럼에도 앞에서 이야기한 것처럼 이유 불문하고 야단을 칠 수밖에 없는 상황은 물론 있습니다. '아침에는 반드시 인사한다', '무단 외박은 하지 않는다', '돈을 맘대로 가져다 쓰지 않는다' 등 가정 내의 절대적인 규칙에 대해서 어기는 일은 용서하지 않는다는 단호한 자세를 보여야만 합니다.

부모 자식 간에 어떤 규칙을 정할 때는 그 이유를 정확하게 전하고 납득시켜야 합니다. 만약 규칙을 어겼을 경우 그때 꾸짖는 이유도 단 한 가지 '규칙을 어겼기 때문'이어야 합니다. 규칙이란 그런 것이고, 아이들이 어떤 변명을 하더라도 안되는 건 안된다는 걸 확실하게 알려 주어야 합니다.

아이의 자주성을 길러 주기 위해서는 앞에서 말한 절대적인 규칙 이외의 것에 대해서는 너그러운 것이 좋지만, 그렇다고는 해도 일상생활 속에서 잔소리를 하고 싶을 때도 있을 겁니다.

여자아이들은 전에 주의를 주었던 것들을 잘 기억하는 편입니다. 그래서 "전에 말했었잖아"라고 주의를 주면 대개는 "말하지 않아도 알고 있어!'라고 반발합니다.

그렇게 말하는 건 자존심이 상했다는 증거이기도 합니다. 상처받은 자존심을 회복시키기 위해 다음부터는 조심하는 경우가 많으므로 기억력이 좋은 여자아이의 경우에는 "전에도 주의를 줬잖아"라는 말은 그런대로 효과가 있다고 할 수 있어요. 그렇다고는 해도 이전과 다른 듯한 말을 들으면 즉각 "전에 말한 것과 다르거든!"라고 날카롭게 지적하므로 다소 귀찮을 수도 있습니다.

반면, 남자아이는 자신이 정말로 크게 혼나지 않으면 좀처럼 행동을 바꾸지 않습니다. 그래서 부모가 잔소리를 계속할 수밖에 없는 상황이 연출되는 것이지요.

예를 들어, 방이 아무리 어질러져 있어도 남자아이들은 그

걸 대수롭지 않게 여깁니다. 그래서 "정리 좀 해"라고 아무리 주의를 줘도 신경 쓰지 않는 것입니다.

여자아이라면 부모에게 잔소리 듣지 않으려고 정리를 하지만, 남자아이는 그렇게 생각하지 않습니다.

무엇보다 주의 받은 것 자체를 시간이 지나면 금방 잊어버리고 맙니다. 따라서 같은 일로 몇 번 주의를 받아도 그다지 스트레스로 느끼지 않습니다.

여러 번 주의를 주어도 말을 듣지 않는다고 해서 부모가 포기하는 듯한 태도를 취하면, 천성이 응석받이인 남자아이의 경우에는 '엄마, 아빠가 나를 포기한 건가' 불안해하는 일도 더러 있습니다. 그래서 남자아이에게는 같은 말을 몇 번이고 되풀이할 수밖에 없습니다.

힘들다고 생각하겠지만, 그것이 '남자아이를 기르는 일'입니다.

CHAPTER 03

자신감을
북돋우고 싶다면

○○ 반만 따라 해도 좋겠다!

사춘기 남자아이뿐만 아니라 모든 자녀를 대할 때 부모가 절대 해서는 안되는 것이 바로 다른 누군가와 비교하는 일입니다. 필자는 이를 '수평 비교'라고 부르는데요.

타고난 자질도, 자라난 환경도 다른 누군가와 단순히 비교한다면 아이라고 해도 기분이 좋지는 않습니다. 반항기라면 더욱 그렇습니다.

엄마는 그저 아이에게 의욕을 불어넣고 싶은 마음에 무심코 이렇게 말하곤 하지요.

"○○ 좀 봐. 네가 반만 따라해도 좋겠다."

그런 말을 들으면 아이 입장에서는 순간 화가 치밀어 오르게 됩니다.

엄마가 예로 든 ○○은 앞 단원에서 설명한 공부의 동기부여 1~2단계에 있는 아이일 것입니다. 그런 아이와 비교한다고 해서 '그럼 나도 열심히 해보자!'라고 생각하지는 않습니다.

"○○처럼 해봐"라는 말은, 예로 든 친구가 위이고 자신은 그 친구의 아래라는 느낌을 줍니다.

어머니들도 "옆집에 ○○씨처럼 해봐!'라는 말을 배우자에게 듣는다면 기분이 어떨까요?

아이들에게서 "○○집은 여름 방학 때 해외여행을 간대! 우리도 데려가 쥐"라는 말을 들으면 뭐라고 대답하시겠어요? 분명 "남의 집은 남의 집이고, 우리 집은 우리 집이지!"라고 타이르지 않으실까요. 아이들 역시 마찬가지입니다. '남의 자식은 남의 자식이고, 우리 애는 우리 애'인 것이지요.

형, 누나와 비교하는 것도 잘못

같은 형제자매와 비교하는 것도 해서는 안되는 것 중 하나입니다.

"네 누나는 했는데."
"형보다 성적이 안 좋네."

혹시 위처럼 비교하고 있지는 않은가요?

자녀들 사이에서 부모가 서열을 매기는 듯한 말이 반복되면 형제자매의 관계에도 좋지 않은 영향을 미치게 됩니다. 어릴 때는 성별이나 나이에 따라 그 차이가 크기 때문에 형이나 누나혹은 남동생이나 여동생와 비교하는 것은 애초에 불공평한 일입니다.

아이들은 천하태평인 것 같아도 자신이 서 있는 위치나 타인과의 차이에 민감하게 반응합니다. 부모가 일부러 말하지 않아도 자신이 남에게 뒤처져 있다는 사실을 순간순간 깨닫는 일이 많습니다.

그런 상황에 부모가 '너는 ○○에게 뒤처져 있어'라는 사실을 새삼스럽게 재확인시켜 주면 형제자매 안에서 그 차이가 완전히 고착화되는 경우도 있습니다. 그 결과 '난 틀렸어'라고 노력조차 하지 않는 일이 발생합니다.

비교할 것은 아이의 과거와 현재

부모가 주목해야 할 것은 다른 사람과의 차이가 아니고, 아이의 성장 부분입니다. 즉, 비교할 대상은 내 아이의 '이전 모습'이며 이것이 바로 '수직 비교'입니다.

예를 들어, 전보다 공부 의욕이 떨어지고 있는 상황이라면 그 부분은 꾸짖어도 괜찮습니다. 다만, 그런 경우라도 느닷없이 '여기가 틀렸어'라는 것이 아니라 먼저 성장한 부분을 칭찬한 다음 부정직인 부분을 말하는 것이 좋습니다.

"요즘 집안일을 많이 도와주고 있어서 고마워."
"그런데 요즘 공부는 좀 소홀해진 거 아니니?"

앞의 말처럼 'Yes → But'의 대화법을 구사하면 비록 좋지 않은 잔소리를 하더라도 처음부터 아이가 발끈하는 것을 방지할 수 있습니다.

부모는 아무래도 잘못하는 것에 눈길이 먼저 가기 마련입니다. 그렇지만 공부든 생활이든 잘하는 것 이전에 비해 성장한 부분에 관심을 두고, 그 부분을 제대로 칭찬하는 것이 우리 아이의 실력을 키우는 비결입니다.

너도 좀
나서서 해

 어머니들은 우리 아이가 학급 내에서 리더의 역할을 맡고 있으면 더 뿌듯해하는 경향이 짙습니다. 반면에 남의 이목을 받는 걸 싫어하고 조용히 있는 듯 없는 듯 지내는 아이를 보면 답답해하며 이렇게 아이를 북돋우고는 하지요.

 "너도 좀 나서서 해. 좀 더 눈에 띄도록 해야지!"

 아이들의 모습을 지켜보면 확실히 눈에 띄는 아이와 그렇지 않은 아이가 있습니다.
 아이들의 이런 차이는 의사소통 능력에 따라 발생합니다.

집단에서 리더의 역할을 맡고 있는 아이들은 예외 없이 뛰어난 의사소통 능력을 가지고 있습니다. 그것을 통해 다른 아이들을 이끌어 나가기 때문에 눈에 띌 수밖에 없습니다.

결과적으로 어머니가 아무리 내 아이가 부각되길 원해도 의사소통 능력이 향상되지 않는다면 그것은 실현되기 어렵습니다.

엄마의 두 배로 말하게 하기

일상적인 학교생활 속에서도 의사소통 능력을 연마할 수 있지만, 가정에서도 그것을 지원할 수 있습니다. 바로 집에서 말을 많이 하게 만드는 것입니다.

강연회에서 이런 말을 하면 어머니들이 이구동성으로 이렇게 이야기를 합니다.

"우리 아이는 집에서 거의 말하지 않아요."

사춘기이자 반항기인 아이들의 말수가 적다는 사실은 물

론 잘 알고 있습니다. 그럼에도 의사소통 능력을 끌어올리기 위해서는 아이들이 더 많이 말하게 하는 것 외에는 방법이 없습니다.

어머니와 아들의 대화를 듣고 있으면 어머니가 4, 아들이 1의 비율로 이야기하는 모습이 눈에 많이 띕니다. 그러나 원래는 2 대 1, 그것도 아들이 2이고 어머니가 1의 비율로 이야기하는 것이 이상적입니다.

마냥 기다린다고 아이가 말을 하게 할 수는 없습니다. 일단은 아이 스스로가 단숨에 떠들어 대지 않는다는 것, 그리고 대답을 재촉하지 않아야 한다는 점에 유의해야 합니다.

가볍고 짧게 5W1H에 입각해서 언제, 누가, 어디서, 무엇을, 어떻게를 의식하면서 그에 맞는 질문을 해야 합니다. 그리고 되돌아온 대답에는 아래처럼 흥미를 보이는 것이 중요합니다.

"즐겁겠다!"
"재밌겠네!"

또한 다음처럼 부정적인 의견은 최대한 참는 것이 중요합니다.

"그거 그만둬."

아이들은 부모의 모습을 생각보다 유심히 지켜보고 있습니다. 부모가 모임에서 리더십을 발휘하고 있으면 그 모습을 보고 아이들도 자연스럽게 따라합니다. 아이는 부모의 거울이기 때문이지요.

리더가 진정한 목표인가?

이쯤에서 어머니들이 생각해봐야 할 것이 있습니다. 처음부터 정말 아이가 목표로 해야 할 것이 리더일까요?

두말할 필요 없이 사람에게는 제각기 잘하고 못하는 것이 있습니다. 또한 어디에서 제 능력을 발휘할 수 있는지도 사람에 따라 다릅니다.

확실히 리더의 성향이 강한 아이는 학급에서도 눈에 띄는 편이지만 개중에는 보이지 않는 곳에서 실력 발휘를 하는 아이들이 있고, 리더를 뒤에서 도와주는 아이도 있습니다. 학교 행사를 치르다 보면 이런 아이들이 없다면 제대로 굴러가지 않습니다. 이건 회사업무에서도 마찬가지일 겁니다.

그런 측면에서 바라보면 꼭 리더가 되는 것이 아이의 능력을 최대한 살리는 것이라고 단정 지을 수는 없지 않을까요? 우리 아이가 가장 빛나는 위치나 역할은 무엇인지 판단해볼 여지가 있습니다.

우리 애는 틀렸어

 한국도 그렇지만 일본에서도 '겸손'을 미덕으로 여기는 문화가 있습니다. 하지만 그건 어디까지나 어른들의 몫입니다.

 여자아이의 경우는 비교적 빨리 이런 문화에 대응하지만, 중고생 남자아이들 중에는 전혀 감을 잡지 못하는 아이들이 더러 있습니다.

 이 시기의 남자아이는 겸손하게 자신을 낮추는 대신 오히려 야생 동물들이 싸울 때처럼 겉모습을 자신의 실제 모습보다 크게 보이려고 합니다.

 어른에게 겸손은 타인과 잘 지내기 위한 '수단'이지만, 왜 그래야 하는지 제대로 이해하지 못한 남자아이들은 이게 무슨 상황인지 잘 모릅니다.

하물며 아이가 함께 있는 자리에서 아래처럼 대화를 하면 아이는 그게 부모의 본심이라고 오해하게 됩니다.

"우리 애는 정말 큰일이야."
"댁의 ○○만큼만 하면 얼마나 좋겠어요."

가정에서 칭찬을 많이 듣는 아이도 그 말을 액면 그대로 받아들이고 상처 받곤 합니다.

'엄마가 늘 칭찬했던 것은 거짓이었어.'
'진짜로 나에 대해 가망이 없다고 생각하고 있는 거야.'

중고생이 되어 몸집은 커져도 아직도 말의 '참뜻'을 재치 있게 헤아릴 정도의 언어 능력이나 처세술은 가지고 있지 않은 것이지요.

겸손은 어른들만 있는 자리에서

어머니 입장에서는 그저 친구들과의 모임에서 가끔씩 하는 말일 뿐이고, 겸손한 마음으로 내 아이를 깎아내리는 척한 것일 수도 있습니다. 그러나 이런 '어른들의 사정'은 아이들에게는 통용되지 않습니다.

다른 엄마들과의 관계를 원만하게 유지하는 것도 중요하고, 과도하게 아이를 칭찬해 분위기를 망칠 필요는 없지만 적어도 "우리 아이는 뭘 해도 어설퍼요"라는 식의 표현은 아이가 없을 때 해야 합니다.

아이가 함께 있는 자리에서는 가급적 성적에 관한 이야기는 삼가고, 누군가 물어봐도 "우리 아이는 열심히 해"처럼 살짝 언급하는 정도 선에서 끝내야 합니다.

어쩔 수 없는 경우에는 반드시 추후 설명

어머니들의 모임에서는 아이들의 공부에 대한 이야기가 주로 화제에 오르지요. 만약 어쩔 수 없이 우리 아이가 있는 자리에서 자녀를 낮추는 듯한 말을 했다면 반드시 추후에 아이에게 사정 설명을 해야 합니다.

"좀 전에 그런 식으로 말해서 미안해. 그건 본심이 아니었어."

위처럼 솔직하게 전하는 것이지요. 꽤 변명이 길어지고, 그것으로 아이가 얼마만큼 납득할지는 알 수 없으나 적어도 그대로 방치해 두는 것보다는 훨씬 낫습니다.

집에서는 열심히 아이의 좋은 면을 찾아서 칭찬을 많이 해 주고 자신감을 불어넣었다 해도 부주의한 말 한마디로 신뢰 관계가 무너져 버리기도 합니다.

사춘기 아들은 부모가 상상하는 것 이상으로 순진하고 고지식하다는 점을 결코 잊어서는 안됩니다. 어머니들에게는 아무렇지도 않게 스쳐 지나간 대화였다고 해도 아이들에게는 큰 악영향을 끼칠 수 있기 때문에 주의해야 합니다.

이번 선생님은
좀 별로네

 아이들은 하루의 대부분을 학교에서 선생님과 함께 보냅니다. 그런 학교나 선생님에 대해 부모님이 부정적으로 이야기하면 아이들은 그 시간 전부를 부정적으로 받아들입니다.

 부모의 말은 아이들에게 큰 영향을 미칩니다. 설령 겉으로만 학교나 선생님에게 반발하고 있던 아이라도 부모가 비판하면 할수록 선생님을 믿을 수 없게 되고, 일부의 아이들 중에는 우울해져 공부할 의미조차 잃는 경우도 있습니다.

 선생님의 교육 방식이나 아이들을 대하는 방법에 불안이나 불만이 있더라도 아이들 앞에서 입에 담는 것은 피하는 것이 좋습니다.

도저히 신경이 쓰여 참을 수 없는 일이 발생한다면, 직접 학교로 찾아가 학부모 대 교사(학교)의 관계 속에서 해결하는 것이 좋습니다. 그렇게 하면 아이들을 혼란스럽지 않게 해결할 수 있습니다.

선생님과 상성의 문제

아이가 선생님에 대한 불만을 말할 때 부모가 바로 동조하며 아래와 같은 부정적인 말을 하는 것은 피해야 합니다.

"선생님이 진짜 별로야."

설령 선생님에게 문제가 있어도 마냥 험담을 늘어놓는다고 좋을 건 아무것도 없습니다.

그런 경우는 선생님을 비판하기 전에 어디까지나 아이와 선생님 간에 상성이 맞지 않는 것이라고 말을 해 주는 것이 현명합니다. 즉, 단순히 '마음이 맞지 않는 것'으로 생각하게 하고, 맞지 않으면 맞지 않는 대로 아이에게 '그럴 때 어떻게 처신하면 좋을까'를 생각할 수 있도록 하는 것이 좋습니다.

무언가 일이 제대로 되지 않을 때 주변의 탓으로 돌리는 건 쉽습니다. 하지만 아이 스스로 어떤 대상을 바라보는 시선이나 생각을 바꾸면 안 좋던 상황도 호전시킬 수 있다는 점을 깨달을 수 있도록 해 주어야 합니다.

적극적인 대화로 연결시키기

사회에 나가면 누구나 마음에 맞지 않는 사람을 만날 수 있습니다. 모두와 잘 지낼 수 있다면 좋겠지만 세상은 그렇게 녹록치 않지요.

자신과 맞지 않는 사람에게도 잘 대응할 수 있는 기술을 익혀 두면 살아가는 일이 훨씬 편해집니다. 학교가 그런 부분을 단련시킬 수 있는 기회의 장소라고 생각한다면, 싫어하는 선생님을 만난 것이 꼭 나쁜 일만은 아니라는 것을 아이가 한번 더 생각할 수 있도록 옆에서 도와주세요.

경우에 따라서는 '시험에서 보란 듯이 좋은 점수를 받자!'라고 의욕을 고취시킬 수도 있으니 일석이조가 아닐까요.

선생님의 수업 방식에 대해 불만을 갖고 있을 때도 교수법 자체를 부정하는 것이 아니라 어디까지나 그 선생님의 수업 방식이 아이와 맞지 않는 것이라고 말해 주세요.

"만약 네가 가르치는 입장이라면 어떻게 가르칠까?"

더불어 위와 같은 질문을 던져 보는 것도 좋습니다. 그리고 이렇게 말을 하면 더욱 좋습니다.

"네가 생각하는 방법대로 엄마한테 가르쳐 줄래?"

누군가를 가르치는 것만큼 해당 내용에 대한 이해도를 높일 수 있는 방법은 없기 때문이지요.

험담은 그저 험담으로 끝납니다. 가능한 한 긍정적인 방법으로 아이와 대화를 이어 가야 합니다. 분명 아이와의 대화를 늘리는 계기가 될 것입니다.

네 성적으로
그 학교 지원하게?

 학교 선택은 부모나 아이에게 있어서 쉽게 결정할 수 없는 머리 아픈 문제입니다.

 "실력 이상의 학교에 지원하는 것과 안전하게 합격할 수 있는 학교를 선택하는 것 중 어느 쪽이 좋을까요?"

 이 질문은 강연회 등에서 빠지지 않고 나오는 것 중 하나입니다.
 하지만 이 질문에 일반적으로 적용할 해답은 없습니다. 내 아이가 실패를 통해 성장할 수 있는 성향인지, 아니면 깊은 상처가 되어 오랫동안 힘들어할 성향인지를 부모가 냉정하게 판단할 수 있어야 합니다. 그러나 중학생 이상이라면 기본적으로 아이들의 선택을 최우선하는 것이 좋습니다.

아이가 학교에 매력을 느껴 도전해보고 싶다고 하면, 비록 합격 가능성이 낮더라도 그 도전을 지지해 주는 것이 좋겠지요. 본인의 선택으로 결정을 내렸다면 설령 결과가 좋지 않더라도 그 도전이나 실패에서 반드시 무언가를 얻게 됩니다. 이런 도전은 아이들에게도 더할 나위 없는 성장의 기회입니다.

결과가 아닌 도전을 응원

아이가 도전에 실패했을 때를 대비힌 치선책을 마련해 두는 것이 좋지만, 무슨 일이 있어도 실패하게 두지 않겠다는 자세는 옳지 않습니다.

'유비무환'은 나이 든 사람을 위한 것이고 한참 도전해야 할 아이들에게는 불필요한 말입니다. 성공에 대한 경험만큼이나 실패에 대한 경험도 중요합니다.

또한 진심을 다해 도전하려는 자녀에게 이렇게 부모의 본심을 드러내는 말들도 불필요합니다.

"네 성적으로 거기 쓰게?"
"도전해도 어려울 텐데."

목표를 향해 진지하게 100퍼센트의 힘을 발휘해서 노력하는 일이야말로 진정한 도전입니다.

점수는 학교를 선택하는 기준의 하나

꼭 기억해야 할 것은 점수가 학교 선택의 절대적인 기준은 아니라는 것입니다. 내 아이에게 맞는 학교인지의 여부는 점수만으로는 알 수 없습니다.

어른의 관점에서 조언을 하고 그 선택을 도와주는 것도 중요하지만, 학교에 대한 정보를 충분히 전해 주고 최종적인 결정은 아이 스스로에게 맡겨야 합니다.

일단은 아이의 적성과 진로에 맞는 학교인지의 파악이 가장 중요합니다. 우리 교육 과정은 자신의 성향에 따라 선택 교과 과목을 선택할 수 있습니다. 특히 어떤 교과를 선택했는지에 따라 대학 입시에서 전공에 대한 자기 주도성과 전공 적합성을 평가하는 중요한 요소로 활용됩니다. 그렇기 때문에 학교의 진로진학 프로그램 또한 꼼꼼하게 살펴야 합니다.

실제로 학교에 방문해서 그 학교의 장점이나 동아리로 어떤 활동들이 있는지, 면학 분위기는 어떤지 등에 대해 선배들의 조언을 듣는 것도 한 방법입니다.

반면에 아이가 어느 학교도 염두에 두고 있지 않은 경우도 있습니다. 이런 경우는 점수를 하나의 기준으로 삼고, 합격할 수 있는 학교를 선택하는 것이 일반적으로 무난합니다.

본인의 의사가 반영된 것도 아닌데 실력을 초과하는 학교에 응시했다가 결과가 좋지 않았을 때, 아이들은 분명 그 실패를 주위의 탓으로 돌립니다. 그건 단순한 실패에 지나지 않으며, 그 실패를 통해 무언가를 배울 수도 없습니다.

실패라는 결과는 같아도 스스로가 원했던 도전의 결과인

지, 도전을 강요받아서 얻은 결과인지에 따라서 그 의미는 크게 달라집니다.

○○는 했니?
○○는 챙겼어?

필요 이상으로 어머니가 이것저것 챙기면 사춘기 아들은 이렇게 반항할 게 뻔합니다.

"정말 귀찮아 죽겠어."

그건 '어린애 취급하지 마세요'라는 아이들의 메시지입니다. 그럼에도 혹여 내 아이가 곤란한 상황에 처하지는 않을까 어머니가 몸이 달아 늘 보살펴 주려고 합니다.

그런데 이야기를 나누어 보면 대부분의 어머니들은 과보호와 너무 앞질러 가는 것도 좋지 않다는 사실을 충분히 인지하고 있습니다. 안 하려고 해도 빈틈투성이인 아이의 모습을 마주하면 자신도 모르게 그만 손과 입이 나와 버리는 것이겠지요.

하지만 언제까지나 어린애 취급을 한다면 아이들은 결코 변하지 않습니다. 입으로는 불평을 해도 결과적으로는 엄마에게 의존하게 되어 아무것도 배우지 않게 됩니다.

실패를 내 것으로 만들기

아이 스스로 깨닫게 하려고 내버려 두면 매번 실패실수를 거듭하면서도 전혀 고치려는 기미가 없어 어머니들 속이 터지려고 하지요.

왜 그럴까요? 그건 아이들이 실패를 '자신의 실패'라고 생각하지 않기 때문입니다.

'지각한 것은 엄마가 깨워 주지 않았기 때문에.'
'깜빡하고 잊어버린 것은 엄마가 확인해 주지 않았기 때문이야.'

아이들은 실패를 '엄마의 실패'로 생각합니다.

'아이들은 실패로부터 배운다'는 말을 반복해 왔지만 무언가를 배운다는 것은 스스로 책임지고 실패했을 때만 가능합니다. 자신 이외 누군가의 강요에 의해 실패하거나, 누군가의 보호 아래 실패한 경우는 그 책임이 타인에게 있다고 생각하기 때문에 본인은 아무것도 배우지 못합니다.

그렇기 때문에 무슨 일이든 본인의 의지로 결정하게 하고, 책임 역시 본인이 진다는 것을 깨닫게 하는 것이 중요합니다.

실패를 줄이는 방법

실패를 습관적으로 반복하는 아이들을 위해서 추천하고 싶은 방법은 '실패를 줄이기 위한 제안법'입니다. 즉, 항상 늦잠 자는 아이를 어머니들이 몇 번이고 깨우는 게 아니라, 늦잠을 자지 않을 수 있는 '방법'을 제안하는 것이죠.

예를 들어, 잠자리에 알람 시계를 두 개 놓는 다소 원시적인 방법도 좋고, 밤에는 반드시 정한 시간에 자는 습관의 중요성을 알려 주는 것도 좋습니다. 물건을 자주 깜빡하는 경우에도 잊을 것 같은 물건은 미리 현관에 가져다 놓는다거나, 스마트폰 어플에서 '알림 리마인더'를 설정해서 알림이 오도록 하는 것도 좋겠지요.

부모가 제안해 준 여러 가지 사항 중에 어떤 것을 선택할지, 실제로 시행할지 여부는 어디까지나 아이의 선택에 달려 있습니다. 이런 제안들을 실제 행동으로 옮기지 않아 지각할 것 같아도, 물건을 또 깜빡하고 놓고 가더라도 더 이상 부모가 참견해서는 안됩니다. 방법을 알려 주었다면 관망하는 자세가 필요합니다.

몇 번이고 계속해서 실패를 반복한다면 다른 방법을 제안할 수는 있지만, 부모가 나서서 해결하려는 것은 지양해야 합니다. 부모가 해 주는 것이 어디까지인지를 명확하게 구분 짓고, 이후부터는 자녀의 책임임을 확실히 가르쳐 주세요.

Column **남자아이와 여자아이의 차이 3**

친구를 구별하는 남자아이, 절친을 만드는 여자아이

남자아이와 여자아이 사이에는 친구를 사귀는 방식에도 큰 차이가 있습니다.

반을 배정할 때 "얘하고 함께 아니면 싫어"라고 떼를 쓰는 모습을 보이는 건 주로 여자아이들이고, "누가 되어도 괜찮아"라고 하는 게 남자아이입니다.

여학교의 교실을 들여다보면 몇 개의 그룹으로 나눠져 있으면서도 일목요연하지만, 남학교의 경우는 혼돈 그 자체입니다.

일반적으로 여자아이는 소수의 친구들과 매우 돈독한 관계를 맺으려는 경향이 있습니다. 그렇기 때문에 친구를 자주 바꾸는 일은 없으며, 비밀을 함께 공유하는 관계로 깊어지는 만큼 강한 유대감으로 묶여 있습니다. 그런 '절친'이 있다는 사실에 안심하는 모습을 보이기도 합니다.

이런 관계는 잘 지내고 있을 때는 좋지만, 사소한 일로 그

관계에 금이 가면 매우 힘든 상황에 빠질 수도 있습니다. 친구 한 명과 관계가 어그러져 그 친구들의 모임에서 나오게 되면, 이미 그룹으로 묶인 다른 친구들과는 섞이기 힘들어 완전히 고립되는 경우가 많습니다. 그런 공포심 때문에 무리하게 주위 친구들에게 맞추려고 하다 보면 점점 더 괴로운 상황에 내몰리기 때문에 친구 관계로 고민이 끊이지 않는 것이 여자아이들의 특징입니다.

한편 남자아이는 여자아이에 비해 훨씬 융통성이 있는 편입니다. 그들은 공부할 때 의지하는 친구, 함께 장난치는 친구, 취미를 같이 공유하는 친구 등 친구를 구별하는 편입니다. '이 친구가 아니면 안돼'라는 생각은 그다지 강하지 않습니다. 한마디로 누구와도 사이좋게 지낼 수 있는 성향을 가진 것이 남자아이라고 할 수 있습니다.

친구 사이에 약간의 다툼이 있어도 뒤탈 없이 사귈 수 있고, 사소한 언쟁이 꼬리를 무는 일도 드뭅니다. 친구는 그 외에도 많이 있기 때문에 무리를 하면서까지 새로운 친구를 사귀려는 일은 별로 없습니다. 이쪽이 싫으면 저쪽이라는 의식이 여자아이만큼 어렵지 않기 때문입니다.

성장을 하면서 진짜 친구라고 부를 만한 친구를 찾아 나가지만, 적어도 중고생 시절에는 넓고 얕게 사귀는 것이 남자아이들의 특징입니다.

엄마도 원래 '여자아이'였기 때문에 아들의 이런 교우 관계를 잘 이해하지 못할 수도 있습니다. 개중에는 '우리 아이에게 절친이 없는 건 아닐까' 불안해하는 사람도 있을 겁니다.

그러나 절친이 없는 것에 불안을 느끼는 것은 여자아이들뿐입니다. 친구 교제에 대해 좋고 싫고 없이 대체로 덤덤한 감성의 남자아이는 많은 친구들과 굴곡 없이 사귀는 것에 더 가치를 두는 편입니다.

CHAPTER 04

꺼내기 불편한
말을 하고 싶다면

누가 너 따돌리니?

'엄마, 아빠 걱정시키고 싶지 않아.'
'나의 나약함을 인정하고 싶지 않아.'

이유는 다양하지만, 따돌림을 당하고 있는 아이들의 상당수는 그런 사실을 숨기려고 합니다. 그러므로 직접적으로 "누가 너 따돌리고 있니?"라고 물어도 아이들이 사실대로 말해 줄 가능성은 거의 없다고 생각하는 편이 맞습니다. 아이가 그 사실을 고백한다면 부모가 이미 확증을 잡고 있어 체념했을 때입니다.

만약 우리 아이가 따돌림을 당하고 있는 것이 아닌지 의구심이 든다면 부모가 주의 깊게 아이의 상태를 관찰하고 구체적인 '확증'을 잡으려고 노력해야 합니다.

상처를 입고 돌아오는 일이 빈번하게 있다면 폭력을 동반하는 따돌림을 당하고 있을 수 있습니다. 보이지 않는 곳에 상처를 입었을 수도 있으므로 상태가 이상하다고 느낀다면 옷을 갈아입을 때 아무렇지 않은 듯 확인하거나, 목욕탕이나 찜질방 등에서 아버지가 상태를 살펴보는 것도 필요합니다.

돈이 얽힌 학교 폭력의 경우는 집에서 몰래 돈을 훔쳐 간다거나, 용돈을 받은 지 얼마 되지 않았는데 순식간에 다 쓰고 없을 때 의심해봐야 합니다.

여러 가지 학교 폭력 중에서 가장 눈에 띄지 않는 것이 무시나 험담 같은 정신적인 폭력입니다. 겉으로 보이지 않는 만큼 점점 더 악화될 위험이 있으므로 식욕이 없어지거나 학교에 가는 게 괴로워 보이고, 왠지 기운이 없어 보이는 등 아이들이 내비치는 어떤 징조를 놓치지 않는 것이 중요합니다.

폭력의 징후가 숨어 있는 스마트폰

최근에 벌어지는 학교 폭력에는 SNS가 사용되고 있는 것이 특징입니다. 정신적인 괴롭힘은 물론 폭력이나 돈이 얽힌 경우에도 아이들의 스마트폰에는 그 증거가 상당수 남아 있습니다.

그렇기 때문에 스마트폰은 부모의 관리하에 사용하는 것을 원칙으로 해야 하며, 필요하다면 언제든지 잠금을 해제할 수 있도록 부모도 비밀번호를 알아 두어야 합니다.

학교 폭력의 증거가 숨겨져 있을지도 모르는 스마트폰에 부모가 접근할 수 없다는 것은 너무 위험합니다. 아이들의 사생활을 존중하는 것도 중요하지만, 부모의 보호 아래 있으므로 위급한 사태를 대비한 정도의 문제라고 인식시켜야 합니다.

물론 아이들에게도 부모에게 보이고 싶지 않은 것이 있을 거예요. 그러한 비밀을 함부로 들여다봐서는 안되겠지만, 적어도 학교 폭력과 같은 긴급 상황에서는 부모가 아이들의 동의 없이도 볼 수 있는 여지는 남겨 두어야 합니다.

가해자 부모와 접촉하는 것은 지양

만약 우리 아이가 따돌림을 당하고 있다는 증거를 확보했다면, 아이의 동의를 얻은 후에 먼저 담임 선생님과 상담하는 것이 좋습니다. 이때 장소나 시간, 누구로부터, 어떻게 따돌림을 당했는지를 구체적으로 정리해 문서로 만드는 것이 좋습니다.

가해자로 추정되는 아이나 그 부모에게 느닷없이 연락해 직접 담판을 지으려고 하면 오히려 문제가 복잡해지기 때문에 그런 행동은 가능한 한 피해야 합니다.

담임 선생님에게 학교 폭력에 대한 내용을 전달하면, 학교에서는 학교폭력 전담기구를 통해 사실 관계를 파악하게 됩니다. 이후 학교폭력대책자치위원회학폭위를 열어 피해 학생을 보호하고 가해 학생을 선도할 수 있는 방안에 대해 논의를 하는데요. 만약 학폭위의 조치가 만족스럽지 못한 경우에는 시·도에 설치된 지역위원회에 청구할 수 있습니다.

문제가 터지고 난 후 해결을 잘하는 것도 중요하지만, 그에 못지않게 학교 폭력의 그늘이 드리워지기 전에 아이에게 먼저 당부해야 할 사항도 있습니다.

"학교 폭력은 네가 잘못해서 벌어지는 것이 아니라는 것, 부모가 네 편이니 절대 혼자 고민하지 말고 일이 벌어지면 어른과 상의해야 한다는 것"을 미리 확실하게 말해 두어야 합니다. 그래야 혹시 모를 학교 폭력을 당하게 되었을 때 아이 혼자 상처를 끌어안고 고통에 허덕이는 것을 미연에 방지할 수 있습니다.

용돈은 도대체 어디에 쓰는 거니?

 사회로 나가기 전에 반드시 길러야 하는 것이 앞에서 말했던 시간을 관리하는 능력과 돈을 관리하는 능력입니다.

 매월 정해진 금액을 주고 그 안에서 꾸려 나가게 하는 '용돈'은 돈 관리 능력을 기를 수 있는 좋은 훈련 수단입니다.

 아이의 돈 관리 능력을 기르는 게 목적이라면 용돈의 구체적인 사용 방법에 대해서 부모가 이런저런 잔소리를 할 필요는 없습니다. 자유롭게 사용하는 것에 훈련의 의미가 있고, 용돈의 상한선을 초과하지 않는 한 음식을 사 먹든 게임에 사용하든 그건 본인의 자유입니다.

 아이의 용돈으로 적정한 금액이 얼마인가에 대해서는 아

이가 처한 상황이나 생활 스타일에 따라 다르기 때문에 일괄적으로 말할 수는 없습니다. 하지만 한 번 정했으면 돈이 부족하다고 호소해도 중간에 더 주는 것은 하지 말아야 합니다. 이런 규칙으로 인해 자기 관리력이 향상되기 때문입니다.

용돈의 무게

용돈에는 가정의 경제 상황을 반영시키는 것도 중요합니다. 원래 돈은 노동의 대가로서 지불되는 것이지만, 용돈의 경우는 특별히 고생하지 않고 얻을 수 있는 것이 대부분입니다. 즉, 받는 아이들 입장에서는 1만 원이든 5만 원이든 그 금액의 무게가 어느 정도인지 피부에 와 닿지 않는 것이지요.

돈의 가치를 실감하지 못하는 상태로 어른이 되면 수입에 맞지 않는 씀씀이로 나중에 고생할 수 있습니다.

집안일을 거드는 대가로 용돈을 주는 것도 좋지만, 가계에서 용돈이 차지하는 비율을 알려 주는 것으로도 돈의 가치를 이해시킬 수 있습니다. 가정에서의 상대적 가치를 알게 되면 받았던 돈의 무게를 보다 강하게 실감할 수 있습니다. 월수입 400만 원의 가정과 1,000만 원의 가정과는 같은 10만 원이라도 무게에 차이가 나기 때문에 중학생이 되면 그러한 현실을 이해시키는 것도 중요합니다.

새 학년이 시작될 때에 용돈 인상을 요구하는 경우에도 너무 쉽게 받아 주거나 반대로 요리조리 피하는 것도 좋지 않습니다. 가계의 상황을 고려하여 아이와 의논하는 것이 중요합니다.

미심쩍을 때는 질문이 답

돈을 사용하는 행태 속에는 우리 아이의 인간관계나 행동의 변화를 알 수 있는 징후가 보이기도 합니다.

예를 들어, 용돈을 추가 지급해 주지 않는 규칙이 있음에도 불구하고 빈번하게 돈을 요구하는 경우에는 그 이면에 금전 갈취 등의 학교 폭력이 숨어 있을 가능성이 있습니다.

앞에서 말했던 것처럼 물어봐도 아이들은 좀처럼 진실을

말하지 않기 때문에 의심스러운 경우에는 아이를 세심하게 관찰하고, 돈의 행방에 대해 주의를 기울여야 합니다.

반대로 용돈에 걸맞지 않은 물건을 가지고 있는 경우는 학교 폭력의 가해자이거나 범죄에 손을 담고 있을 가능성도 생각해야만 합니다.

최근에는 SNS를 통해 보이스피싱 등의 피해자로부터 현금을 받는 수금책을 모집하는 범죄 단체도 있고, 그러한 유혹에 생각 없이 가담하는 젊은이들이 늘고 있습니다.

분명하게 아이의 상태가 이상할 때는 구입한 장소나 금액을 묻는 것을 망설여서는 안됩니다. 위화감을 방치하지 않고 즉시 대처해야 함을 명심하세요.

그런 애하고 놀지 마

 자녀의 교우 관계에 부모가 과도하게 개입하는 것은 좋지 않습니다. 부모의 주관적인 잣대로 이런 친구는 좋다, 저런 친구는 안된다고 구분 지으면 아이들은 대체로 납득하지 못합니다. 내가 좋아하는 친구를 나쁘게 말하면 거부감이 드는 건 당연합니다.

 그럼에도 부모가 예의 주시해야 하는 건 우리 아이가 그동안 사귀어 왔던 친구들과 전혀 다른 부류의 아이를 가까이했을 때입니다. 인간관계가 크게 바뀌는 때에는 아이 자신에게도 어떤 변화가 일어나고 있을 가능성이 있습니다.

 우선은 그 상태를 주의 깊게 관찰해야 합니다. 물론 새로운 취미를 시작했다든가, 여러 친구들과 좋은 활동을 하는 등의 걱정을 끼치지 않는 변화라면 그 범위에 들지 않습니다.

그러나 귀가가 늦어지고 무언가를 숨기는 듯한 낌새가 보이고 무단으로 학교를 빠지는 등 아이의 생활에 부정적인 변화가 일어나고 있을 때는 주의가 필요합니다. 그런 경우에도 다음과 같이 친구를 부정하는 말은 피해야 합니다.

"왜 그런 친구랑 사귀는 거야?"

어떤 경우에도 부정적으로 의견을 표출하면 사춘기 남자아이는 반드시 반발하기 마련입니다.

부모가 받아들여야 할 아이의 교우 관계

"요즘 친한 친구는 누구야?"
"어떻게 알게 되었니?"
"같이 있으면 뭐가 재밌어?"

친구와의 사이를 인정하고 상대 친구에 대해 정중하게 물어보면 아이들은 대충이라도 대답을 해 줍니다.

아이의 대답 속에는 요즘 어떤 고민들이 있는지, 무엇을 걱정하고 있는지 등 내면에 일고 있는 변화를 내포하고 있는 경우가 많습니다.

예를 들면, 학교 공부를 따라가지 못해서 힘들다든가, 동아리 선배와 인간관계로 고민하고 있다든가 하는 것처럼요.

교우 관계의 변화는 단순한 결과일 뿐이고, 정말로 대처해야 할 것은 우리 아이가 안고 있는 문제입니다. 새 친구와의 교제를 끊는다고 해도 원인이 제거되지 않는 한 근본적인 해결은 어렵습니다.

고쳐야 할 건 아이의 생활 태도

새로 사귀는 친구로 인해 분명히 우리 아이에게 나쁜 영향이 나타나고 있다고 해도, 친구와의 교제 자체를 갑자기 못하게 막는 건 지양해야 합니다. 어디까지나 바꿔야 할 것은 아이의 생활 태도입니다.

귀가가 늦어지고 있다면 통금 시간을 엄격하게 제한하는 등 아이의 생활에 다소 자유를 구속하는 방법이 효과적입니다. 이를 통해 아이의 생활이 다소 바뀌고 물리적인 만남의 시간이 줄어들다 보면, 그 친구와도 자연스럽게 거리를 두게 될 것입니다. 연락을 일체 하지 않는 건 힘들더라도 필요 이상으로 관계가 깊어지지 않으면 큰 문제는 피할 수 있습니다.

사춘기는 좋든 나쁘든 친구의 영향을 많이 받는 시기입니다. 부모로서 과도하게 참견하는 것은 생각해볼 일이지만, 어떤 친구와 사귀고 있는지에 대해서 파악해 두는 것은 중요합니다.

Column 남자아이와 여자아이의 차이 4

근자감에 빠져 있는 남자아이, 현실적인 여자아이

초등학교 고학년이 될 즈음부터 생활 태도나 사고방식이 완전히 어른스러워지는 여자아이에 비해 남자아이는 여전히 어린애 같다는 말을 자주 듣습니다.

여자아이가 정신 연령도 더 높다는 의견이 많은데, 양쪽의 아이들을 접한 입장에서 보더라도 확실히 그런 부분이 느껴집니다.

그런데 어른 같은 생각을 할 수 있게 되는 것, 즉 마음의 성장이 빠른 것이 꼭 좋은 일만은 아닙니다. 어른이 된다는 것은 좋든 싫든 현실적이 된다는 의미입니다.

여자아이는 비교적 이른 시기부터 '자기 억제'를 하는 경향이 있습니다. 그런 이유로 자신을 과소평가한다거나 자신의 가능성을 한정시켜 생각한다고 해도 과언이 아닙니다. 바꾸어 말하면 이른 나이부터 공격적으로 생각하고 행동하기보다는 수비에 치중하는 편입니다.

한편, 사춘기 남자아이는 별거 아닌 일에도 자신감을 잃은 듯한 예민한 면이 있기는 해도, 비교적 낮은 정신 연령이 좋은 방향으로 발휘되면 터무니없이 꿈을 좇는 에너지가 되기도 합니다. 즉 남자아이는 어느 정도 성장한 후에도 마음속에 한 방one chance이면 할 수 있다는 자신감을 가지고 있고, 그것을 통해 자신의 가능성을 크게 펼칠 수 있습니다. 현실에 대한 감각이 떨어지기에 가능한 강점이지요.

지극히 현실적인 어머니들은 그걸 '근거 없는 자신감'이라 부를 겁니다. 하지만 자신감만큼 큰 무기는 없습니다. 근거 따위 없어도 할 수 있다는 마음이야말로 모든 성공의 비결입니다. 무엇보다 꿈을 좇는 노력은 비록 그 꿈 자체가 이루어지지 않아도 다른 곳에서라도 빛을 볼 수 있습니다.

예를 들어, 축구 선수를 꿈꾸며 계속 노력한다고 해도 실제 축구 선수가 될 가능성은 높지 않지요. 그럼에도 꿈에 대한 믿음이 있기 때문에 노력을 거듭하게 되고, 거기에 이르기까지의 경험들은 반드시 다른 무대에서 발휘될 것입니다.

근거 없는 자신감으로 치닫는 우리 아이들을 보면 부모는 자기도 모르게 현실을 보라고 타이르기 쉽습니다. 그러나 부모의 역할은 현실의 벽이 얼마나 높은지를 일일이 나열해서

깨우치게 하는 것이 아닙니다. 아직 보지 못한 현실의 벽에 맞서는 아이의 노력을 곁에서 응원하고, 그 노력을 칭찬해 주는 일입니다.

CHAPTER 05

자립을
돕고 싶다면

미래를 진지하게
생각하고 있는 거니?

우리 애가 과연 미래를 생각하고 사는 것일까 염려하는 어머니들이 많습니다. 실제로 자신의 미래에 대해서 구체적으로 생각하고 있는 아이는 거의 드뭅니다.

물론 이 상황이 좋다고는 할 수 없어요. 아이가 어느 정도의 나이가 되면 살아가기 위해서 생활비를 스스로 벌어야 하고, 그러기 위해서는 자신이 진심으로 원하는 일을 찾아야 하니까요.

언제까지나 부모의 보호 하에 있는 것이 아니므로 자립하기 위해서는 미래에 대한 설계를 제대로 그릴 수 있어야 함을 아이에게 충분하게 이야기해 주어야 합니다.

공부만으로 성공하는 시대는 끝났다

 자신의 미래에 대해 진지하게 생각하지 않는 것은 아이들이 불성실해서가 아닙니다. 그것을 생각하는 데 있어 '구체적인 재료'를 가지고 있지 않은 탓이 큽니다. 그리고 학교나 부모에게도 그 책임이 있습니다.

 좋은 대학을 졸업하면 괜찮은 회사에 취직할 수 있었던 시절이 있었습니다. 명확한 계획이 없어도 눈앞의 공부만 잘하면 그런 대로 안정된 미래가 손에 잡혔던 것이지요. 그래서 학교도 부모도 "열심히 공부하라"는 말만 했을 뿐 그 이후의 미래에 대해서는 중시하지 않았습니다.

 하지만 우수한 대학을 나왔다는 것만으로 장밋빛 미래가 펼쳐지던 시대는 오래전에 끝났습니다. 수많은 기업에서는 이미 대학 간판보다 개인의 능력을 중시한 채용을 하고 있고, 그와 같은 채용을 전개하는 기업일수록 성공하고 있습니다.

 결국 앞으로의 사회에서 성공하기 위해서는 자신이 하고 싶은 일을 찾고, 그 능력을 얼마나 키울 수 있느냐에 달려 있습니다.

더 많은 직업 정보에 노출시키기

 우리 아이가 장래에 대해 그다지 적극적으로 생각하지 않는다면 한정된 선택지 속에 자신을 억지로 끼워 맞추려는 건 아닌지 살펴봐야 합니다. 그런 상황에서는 장래를 생각하는 건 힘들 일일 겁니다.

 미래에 대해 진지하게 생각하기를 원한다면 가능한 한 많은 선택지를 얻을 수 있도록 정보를 풍부하게 전해 주어야 합니다.

 TV 드라마나 영화에서 나오는 인기 있는 직업 외에도 이 세상에는 여러 가지 직업이 있습니다. 정보 프로그램이나 다큐멘터리 등을 보다 보면 어른들도 '저런 직업이 있었나' 놀랄 때가 있지 않나요? 부모님 지인들 중에도 세상에 있는 줄도 몰랐던 직업을 갖고 있는 분들도 있을 겁니다. 그런 직업의 다양성에 대해 평소에도 적극적으로 아이들과 이야기하는 것이 좋습니다.

 직업에 대한 많은 정보가 있으면 그 일 자체에 관심을 갖게 되고, 그중에서 좋다고 생각했던 일들을 후에 접하게 될 가능성도 높아집니다. 그리고 그 직업을 갖기 위해 무엇을 해야 하는지도 보일 것입니다.

아이들의 동기를 자극하는 것은 "잔말 말고 공부나 해"라는 질책이 아니라 아이 스스로 찾아낸 미래의 모습입니다.

커서 ○○(직업) 돼야지

  부모는 무의식적으로 자신의 가치관을 아이들에게 강요하기 쉽습니다. 그러나 가치관 자체에 급격한 변화가 일어나고 있는 요즘, 부모 시대의 가치관이 그대로 통용된다는 보증은 어디에도 없습니다. 오히려 잘 안될 가능성이 높을 거예요.

  미래의 보장이 안되는 가치관으로 아이의 의사를 무시한 선택을 강요해 버리면 부모에게도 아이에게도 좋지 않은 결과를 초래할 수 있습니다.

  그러므로 어떤 특정한 직업을 가져야 한다고 부모가 밀어붙이면 안됩니다. 자신의 인생은 스스로 선택했을 때 의미가 있고 그 판단에 책임을 질 수 있습니다.

좋아하는 것으로 승부하는 사회

아이의 미래는 스스로 선택하도록 해야 한다고 말을 했지만 사춘기 남자아이들이 알고 있는 직업에 대한 정보는 부족한 것이 사실입니다. 사회와의 접점이 거의 없기 때문에 어쩔 수 없는 당연한 결과이기도 합니다.

그렇다면 무엇을 기준으로 미래의 직업을 선택해야 하는 걸까요? 그건 결국 우리 아이가 가장 좋아하는 것이 아닐까요.

앞에서 말했던 것처럼 지금은 학력보다 개인의 능력이 중시되는 시대이며 이런 흐름은 앞으로 점점 더 가속화될 것입니다. 이제는 어느 회사를 들어가도 정년이 보장된다고 누구도 단언할 수 없고, 어디에 있든 몇 살이 되었든 개인의 능력이 계속해서 시험 받는 시대가 되었습니다.

'실력 위주의 엄격한 사회'라고 할 수도 있지만, 오히려 '좋아하는 일로 실력 발휘할 수 있는 사회'라고 긍정적으로 받아들여야 합니다.

'해야 하는 일'이 아니라 '하고 싶은 일'이라는 관점에서 일에 대해 생각해볼 필요가 있습니다.

좋아하는 것을 일에 활용하기

축구가 너무 좋아서 매일 축구만 하고 있는 아이가 있다고 예를 들어 보지요. 부모가 냉정하게 봐도 프로가 될 만한 수준이 아니라면 축구는 적당히 하고 미래에 대해 진지하게 생각해보라고 말하고 싶어질 거예요.

하지만 그건 어떤 의미에서는 빗나간 발언입니다. '축구'와 '미래'는 아이들에게는 다른 차원의 이야기가 아니라 어디까지나 동일 선상에 놓여 있습니다. 아이의 행복을 생각한다면, 축구를 좋아하는 그 마음을 미래의 직업 선택에 어떻게 살릴 수 있을까 생각하는 것이 중요합니다.

물론 프로 선수가 될 수 있는 아이는 극소수이고 현실을 외면할 수는 없습니다. 하지만 가능성이 낮은 것은 어디까지나 '프로 선수'가 되는 것입니다. 축구와 관련된 일을 하는 것까지 시야를 넓히게 되면 이야기는 전혀 달라집니다. 프로 축구 운영에 관련된 일, 선수 권리를 법률적인 측면에서 도와주는 일, 선수의 컨디션 유지에 관련되는 일, 선수들의 활약을 보도하는 일, 축구를 아이들에게 지도하는 일 등 수많은 선택 사항이 떠오를 것입니다.

선택지가 많이 발견될수록 아이의 현실적이고 구체적인 꿈도 보일 거예요. 그것이 바로 좋아하는 것을 일에 활용하는 것입니다.

아이가 좋아하는 것이 어떤 형태로 사회와 접점을 가질 수 있을지 함께 고민해보기 바랍니다.

저런 사람들 이해가 안돼!

 가정에서 서로의 삶의 방식을 이해하지 못해 크고 작은 불만을 토로하는 부모가 많지요. 놀랍게도 아이들은 그런 부정적인 이야기를 들으면 '우리 엄마, 아빠는 이상한 사람인가?' 생각하게 됩니다.

 이런 것들이 자칫 가정의 불화로 번지게 되면 아이들은 적잖은 불안감을 느끼게 됩니다. 고민거리가 많은 사춘기 소년들에게는 그 상황이 한층 더 고통스러울 수 있기 때문에 가급적 삼가는 것이 좋습니다.

시대에 맞는 가치관 필요

 가족뿐만 아니라 타인에 대해서도 부모가 쉽게 생활 태도나 사고방식을 아이에게 부정적으로 이야기하는 일이 종종 있지요.

 부모의 가치관은 좋든 나쁘든 아이들에게 큰 영향을 미칩니다. 미래를 살아갈 우리 아이들에게 필요한 것은 비록 자신의 삶의 모습이나 생각과는 다르더라도 그 사람을 거절하거나 부정하는 게 아니라 받아들이고 이해하려는 자세입니다.

 예를 들어 가족과 함께 TV를 보는데 성소수자들에 관한 뉴스가 나왔다고 가정해볼까요. 이때 부모가 위화감이나 혐오감을 표시하게 되면 아이들도 비슷한 가치관을 갖게 됩니다.

 그러나 성소수자들에 대해 차별적인 태도를 취하는 것은 용납되어서는 안됩니다. 부모가 낡은 가치관에 얽매여 그것을 자녀에게까지 강요하는 것이야말로 큰 문제입니다. 부모가 우선 자신의 가치관이 시대에 뒤처져 있는 건 아닌지 재검토해볼 필요가 있습니다.

또한 민감한 문제라고 해서 굳이 피하는 것도 좋지 않습니다. 분명히 성소수자에 관한 이야기는 예민한 문제이기는 하나, 아이들이 중학생 이상의 나이가 되었다면 가족 간에도 일상적으로 이야기를 나눌 수 있어야 합니다.

세상에는 다양한 삶의 방식을 가진 사람들이 살아가고 있으며, 그래서 인간으로서 윤리에 반하지 않는 한 각자의 삶의 방식을 존중하는 것이 기본적인 원칙임을 가족 속에서 공유하려는 자세가 필요합니다.

아이의 선택에 대한 인정

어쩌면 우리 아이가 성소수자일 가능성도 있습니다. 그런데 부모가 부정적으로 생각하고 있음을 아이가 알고 있다면 그 사실을 부모에게도 말하지 못하고 괴로워하게 됩니다. 스스로 '용서 받지 못하는 사람'이라며 자신의 존재 자체를 부정하는 일도 벌어지곤 합니다.

막상 아이에게서 그런 사실을 고백 받으면 부모 입장에서는 적지 않게 당황스러울 것입니다. 그러나 부모에게 있어 자녀가 그렇듯, 아이들에게도 부모는 유일무이한 존재입니다. 부모에게 인정받을 수 없는 것만큼 아이에게 불행한 일은 없습니다.

우리 아이가 자신감을 갖고 자신의 인생을 살아가기 위해서는 무엇보다 부모의 이해가 필수적입니다. 어떤 삶의 방식을 아이가 선택하더라도 그 선택을 받아들이는 것이 부모의 역할 아닐까요.

그러니까 엄마가 말했잖아!

 엄마가 해 주는 말을 들었다면 좋았을 텐데 자기 멋대로 하다가 아이가 실패를 하게 되면 이렇게 말하게 되지요.

"그러니까 엄마가 미리 말해 줬잖아."

 그 마음은 이해가 되지만 실패한 것에 대해 부모가 잔소리 아닌 잔소리를 하는 것은 바람직하지 않습니다.
 특히 아이가 원하던 것이 뜻대로 되지 않았을 때 그 원인이 '부모가 해 주는 말을 듣지 않아서'라는 생각이 들지 않도록 해야 합니다. 이런 말을 반복해서 듣게 되면 반항기의 아이라도 부모가 시키는 대로 하는 것이 안전하다고 생각하고 결국 '지시 대기형' 인간이 되고 맙니다.

결국 부모에게는 다루기 쉬운 아이로 성장하겠지만 그것은 부모가 지배나 구속을 강하게 한 것일 뿐 아이의 자립은 틀림없이 저해됩니다.

판단을 타인에게 맡기는 것이 편하기 때문에 그런 사고가 버릇이 되면 스스로 생각하는 것을 포기하고 맙니다. 그대로 성장하게 되면 무슨 일이든 자신이 결정하지 못하는 어른이 됩니다.

원인에 대해 물어보기

"이제 그만 놀고 공부 좀 해"라고 말하는 부모의 말을 귓등으로도 듣지 않다가 시험 성적이 목표치에 이르지 못했다고 가정해보지요.

이때 아이에게 전해야 할 말은 "그러게 엄마가 말했잖아!"가 아니고 "목표한 점수에 못 미쳤네"라는 사실입니다. 그리고 그 원인을 스스로 생각하게끔 만드는 것입니다.

"뭐가 원인인 거 같아?"

"공부 시간이 부족했었나 봐."
"수업 내용을 잘 이해하지 못한 거 같아."
"시험 포인트를 이해하지 못했어."

아이는 본인 나름대로 원인을 짐작할 수 있을 겁니다. 그러면 부모는 그 원인에 맞는 대응책을 생각할 수 있게 조언해 주면 됩니다.

반복해서 하는 말이지만, 우리 아이에게 실패는 매우 귀중한 경험입니다. 하지만 실패한 사실만으로는 의미가 없습니다. 중요한 것은 그 실패를 다음 기회에 성공으로 이끄는 것입니다. 그러기 위해서는 실패의 원인을 아이 스스로 찾을 수 있도록 해야 합니다.

실패로 인한 상처가 깊을 때

아이가 실패의 원인을 복기하려 하지 않는다면 실패에 전혀 동요하지 않거나, 반대로 실패로 인한 심리적인 상처가 너무 클 때 둘 중 하나입니다.

전자의 경우는 본인이 통증을 느끼지 않는 이상 알아차릴 때까지 내버려 둘 수밖에 없지만, 후자의 경우는 조금 세심한 보살핌이 필요합니다.

한동안은 참견하지 않고 지켜보다가 조금 가라앉았을 때에 이렇게 이야기해 주어야 합니다.

"돌이킬 수 없는 실패는 없어."
"앞으로의 행동에 따라 충분히 만회할 수 있어."

부모라기보다 인생 선배로서 자신이 경험했던 것을 이야기를 하면 아이도 받아들이기 쉬울 거예요.

또한 성공할 가능성이 낮은 일에 도전해서 잘되지 않았을 때 다음처럼 냉정한 태도를 보이는 것은 절대 안됩니다.

"그래서 안된다고 했잖아!"

도전은 아이에게 있어서는 그 무엇과도 바꿀 수 없는 경험입니다.

  도전에는 실패가 항상 따르기 마련입니다. 그러므로 이렇게 격려해줌으로써 아이의 마음이 시들해지지 않도록 해주어야 합니다.

"조금만 더하면 다음은 잘될 거야."

싫으면 그만둬

최근에는 '싫은 일은 참아도 의미가 없다'고 생각하는 젊은 사람들이 늘고 있습니다. 그래서 그런지 직장을 단 며칠 만에 그만두는 경우도 드물지 않은데요.

불합리한 것들을 함부로 요구하는 블랙기업에서 몸을 해치거나 우울증을 앓는 사람들노 많기 때문에 무조건 참는 것이 능사는 아닙니다. 그런 차원에서 본다면 "싫으면 그만둬"라는 말은 잘못된 표현은 아니지만, 그럼에도 쉽게 말하는 것은 생각해봐야 합니다.

도망갈 구멍이 항상 준비되어 있으면 확실히 편하게 살 수는 있을 거예요. 하지만 살아가면서 부딪히는 힘들고 괴로운 일들 모두로부터 도망칠 수는 없습니다. 그럴 때 최소한의 내성조차 없다면 결과적으로 본인이 괴로워지게 됩니다.

그 '괴로움'은 경험할 만한 것일까

어느 날 아이가 동아리 활동이 싫다고 투정을 부린다고 생각해보죠. 그때 엄마가 "그럼 그만둬"라고 말하면 아이도 안심하고 그만둘 수 있을 거예요.

그러나 '싫으면 그만두면 된다'라는 식의 쉽고 편한 방법만 찾는다면 동아리 활동에서 얻는 것은 거의 없고 더불어 성장 기회 또한 잃게 됩니다. 그렇다고 근성이나 정신력을 이야기하면서 참고 계속 해보라고 말하면 싫어하는 마음을 더 심각하게 만들 뿐입니다.

여기에서 필요한 것은 '그만둬'라거나 '참아야지'라는 단순한 선택이 아니고, 우선은 동아리 활동이 싫은 이유에 따른 대책을 세우는 것입니다.

동아리 활동을 그만두고 싶은 이유가 '연습이 힘들어서'

라면 연습을 견딜 수 있는 체력 만들기를 시작하거나, 힘든 연습을 이겨냄으로써 무엇을 얻을 수 있는지 눈에 보이듯 설명해 주면 그 연습의 의미를 깨닫게 될 수도 있습니다.

아이와 시간을 들여 지금의 어려움이 경험할 만한 가치가 있는지 여부를 의논해보아야 합니다.

그만두는 것은 해결책을 찾으려는 노력 이후에

아이가 힘들다, 싫다고 하는 원인이 부모가 객관적으로 봐도 성장으로 이어지지 않는 경우도 있습니다.

예를 들어 상급생으로부터 괴로운 따돌림을 당하고 있다거나, 담당 선생님의 지도 방침에 계속 의문이 드는 상황이라면 그만두겠다는 결단이 잘못되었다고는 할 수 없습니다. 우선은 상황을 개선하기 위해 방법을 찾아봐야겠지만 세상에는 대책을 강구해도 잘되지 않는 경우도 있습니다.

반복하지만 어디까지나 피해야 할 것은 '싫어하니까 그만두겠다'라는 간단하고 쉬운 결정입니다. 숙고하고, 대책을 강구하는 등의 단계를 밟다 보면 해결책을 찾을 가능성도 있습니다. 결과적으로 그만두는 결정을 하더라도 그 안에서 어떤 교훈을 얻을 수 있을 것입니다.

사춘기뿐만 아니라 아이의 성장에 필요한 것은 가능한 한 많은 경험을 쌓게 하는 것입니다. 설령 부정적인 경험이라고 해도 그 후의 인생에서 헛되지만은 않을 것입니다. 중요한 것은 그 경험을 통해 무엇을 배울지, 무엇을 배우게 할지라는 점입니다.

돈은 엄마가
맡아 놓을게

 명절이나 집안의 행사가 있을 때는 주위 어른들로부터 비교적 큰돈을 받는 경우가 많습니다. 이때 아이들 계좌에 넣은 후에 부모가 관리하고는 하지요.

 그러나 중학생이 되면 통장이나 현금 카드를 아이들에게 전달하고, 자신의 돈은 스스로 관리하도록 시켜야 합니다.

 이렇게 이야기하면 간혹 어머니들 중에는 아래처럼 불안감을 드러내곤 합니다.

"그렇게 했다가는 자꾸 낭비하게 되고, 받은 돈은 금방 없어질 걸요!"

하지만 아이들이 용돈을 전부 써 버렸다고 해서 생활이 어려워지는 것은 아닐 겁니다. 돈의 소중함을 배우기 위해서 지불한 '수업료'라고 생각한다면 꼭 낭비라고는 할 수 없습니다.

실패하면서 배우는 돈 사용법

차곡차곡 모아 두었던 돈을 한꺼번에 비싼 물건을 사는 데 쓰고 나면, 갖고 싶었던 것을 소유하게 된 기쁨과 함께 바닥난 통장의 잔고 때문에 허무함과 작은 불안감을 아이는 느끼게 됩니다. 그런 경험을 하게 되면 돈을 신중하게 써야겠다는 마음이 싹트게 될 거예요. 게다가 원하는 물건이 생겼을 때 정작 중요한 돈이 부족해서 살 수 없다는 것을 깨닫게 되면 만일의 경우를 위해서라도 어느 정도의 돈을 남겨 두어야 함을 배울 수 있습니다.

부모가 돈을 관리하고 있으면 돈이 줄어드는 일은 없습니다. 하지만 그것이 아이들에게는 살아가는 데 꼭 필요한 돈에 대한 감각을 기르지 못하는 이유가 되기도 합니다.

아직도 학교에서는 돈에 관한 교육이 소극적인 편이지만 앞으로의 시대에는 투자에 대한 교육이 필요합니다.

아이들이 금융이나 자산 운용에 흥미를 갖는다면 지식을 주는 것은 나쁜 일이 아닙니다. 투자에 관해 부모에게 충분한 지식이 없다면 함께 배워 보는 것도 나쁘지 않을 것입니다.

올바른 빚에 대한 태도

돈에 관한 이야기를 하려면 빚에 대해서도 제대로 배우게 해야 합니다. 미성년이라면 자신의 의사만으로 큰돈을 빌리는 일은 기본적으로는 없지만, 올바른 지식은 알아 두어야 합니다.

어른이 되어 부동산이나 자동차를 구입할 때 지는 큰 빚 외에도 눈앞의 욕구를 위한 작은 빚에도 높은 금리를 지불한다는 사실을 확실하게 가르쳐 주어야 합니다.

최근에는 카드 론이나 카드의 리볼빙 결제 등으로 손쉽게 돈을 빌릴 수 있습니다. 이런 것들이 어떤 구조인지 제대로 이해하지 못하면, 사회인이 되었을 때 가볍게 손을 댔다가 자신이 감당하지 못하는 빚을 지게 돼 신용 불량자가 될 수도 있습니다.

금융에 대한 엄청난 정보가 범람하고 있는 시대에 아이들을 돈으로부터 멀어지게 하는 것은 부자연스러운 일입니다.

학교에서 돈에 관한 교육을 충분하게 가르쳐 주지 않는다면 부모가 그 역할을 대신해야 합니다. 일상에서 적극적으로 돈과 친근해질 수 있도록 자주 이야기하는 것이 좋습니다.

남자답지 않아

 '남자답게', '여자답게'라는 말을 거침없이 말하는 사람들이 지금도 드물지 않은 것 같습니다. 하지만 사회 전체적으로 성에 따른 차별이나 역할 분담의 철폐를 외치는 지금, 사춘기 소년에게 획일적인 남자다움을 요구하는 듯한 표현은 피해야 합니다.

 남자다운 것이 옳다고 배운 아이는 당연하다는 듯이 타인에게도 남자다움, 여자다움을 요구하게 됩니다. 그런 시대에 뒤떨어진 사고방식을 가지고 사회에 나가면 주위 사람들과 생각의 차이로 고민하게 됩니다.

 남자다움이나 여자다움뿐만 아니라 아이를 하나의 이미

지에 맞추려고 하는 것도 옳지 않습니다. 형답게, 연하답게, 중학생답게, 고등학생답게 같은 말로 아이의 모습을 강요하는 것은 아이들 삶의 방식을 구속하는 일이기 때문입니다.

아이들은 부모의 기대에 부응하려고 합니다. 무심코 한 말이 아이에게 큰 부담을 줄 수도 있다는 사실을 꼭 기억해주세요.

누구나 할 수 있는 일은 인공 지능이 대신한다

'~답게'라는 말속에는 또 다른 문제도 내포하고 있습니다. 기대하는 역할대로만 행동하면 되기 때문에 규격화된 인간이 된다는 의미이기도 합니다. 그렇지만 미래의 새로운 시대를 살아가기에는 어려움이 많습니다.

예를 들어 '~답게' 규격화된 행동만 할 수 있는 사람이 있다고 가정해보지요. 그 사람이 할 수 있는 일은 다른 누구라도 할 수 있을 것이고, 누구라도 할 수 있는 일이라면 급속하게 발전하고 있는 인공 지능AI이 대신할 수 있습니다. 즉, 규격화된 교육 방식은 아이들을 '기타 등등'에 속하는 사람으로 만듭니다. 그것은 아이들을 더욱더 살기 힘든 곳으로 뛰어들게 만드는 것입니다.

미래의 사회가 요구하는 것은 지금 있는 1을 2로 만드는 힘이 아닙니다. 아무것도 없었던 곳에 가치 있는 것을 만들어 내는 힘, 즉 0을 1로 만드는 힘입니다. 여기에서 무기가 되는 것은 누구도 흉내 낼 수 없는 개성입니다. 독특한 개성을 가진 사람만이 새로운 일을 창출해낼 수 있기 때문입니다.

지금까지는 너무 도드라지는 개성은 외면하던 경향이 있었습니다. 그러나 개성을 살린 삶의 방식이 본인의 만족도를 높일 뿐만 아니라 안정된 사회생활을 할 수 있는 시대가 열렸습니다.

사회가 요구하는 인재상

못하는 것이나 능숙하지 않은 일이 아니라 할 수 있는 일, 잘하는 일에 눈을 돌려야 합니다. 이 책에서 반복해서 전하고자 하는 메시지는 바로 여기에 있습니다.

불가능한 일에 매달려 부족한 부분을 채우는 데만 에너지를 쏟고, 예리한 부분을 깎아 버리면 어떻게 될까요? 분명히 매끈한 동그라미는 만들 수 있을 겁니다.

　그러나 미래의 사회가 요구하는 것은 '매끈한 동그라미'가 아니라 그 아이만의 가지고 있는 '개성 있는 동그라미'입니다.

　굳이 말하자면, 앞으로의 교육에 있어서 중시되어야 할 것은 학교의 성적이 아닙니다. 물론 학교에서 얻은 지식이 많으면 더 좋겠지만 학교의 지식에만 의지하던 시대는 이미 끝났습니다. 지금부터 정말 중요한 것은 그 아이만이 가진 '날카로운 개성'입니다.

가족이니까
같이 가야지

 사춘기는 일생 중 가족의 존재가 가장 성가시게 느껴지는 시기일지도 모릅니다. 특히 남자아이는 가족과 함께 보내는 것을 싫어하는 경향이 있습니다.

 어머니는 가족이니까 함께 외출하고 싶겠지만 아이들 입장에서는 가족이니까 함께 있고 싶지 않아 합니다.

 모처럼 무언가를 권해도 "난 됐어"라며 퉁명스럽게 대답이 돌아오면 화가 날 수도 있을 겁니다. 또 형제가 여럿인 경우 그 아이만 두고 외출하는 것에 불편함을 느낄 수도 있습니다.

 그러나 결론부터 말하면, 본인이 싫어하는 것이라면 무

리하게 권할 필요는 없습니다. 그런 일이 반복되면 가족으로서 유대 관계가 깨지는 것은 아닌지 걱정할 수도 있지만, 원래 사춘기는 가족의 고마움을 배우는 시기가 아니고 자립을 위한 첫걸음을 내딛는 시기입니다.

이 시기의 아이들이 부모와 거리를 두고 싶어 하는 것은 삐딱하게 굴기 위해서가 아닙니다. 자립해야 한다는 생물적인 본능이 그렇게 만들고 있는 것입니다. 다만, 아직은 미숙하기 때문에 불안감도 생깁니다. 그러한 자립 본능과 불안의 갈등으로 우왕좌왕하다가 그런 당혹감을 가장 응석부리가 좋은 상대에게 들이받는 현상이 '반항'입니다.

양육 졸업 후의 새로운 관계

어머니들에게 당부하고 싶은 이야기가 있습니다. 아이를 기르는 즐거움에 빠져 양육의 '졸업'을 무의식적으로 거부해 버리는 어머니들이 간혹 있는데요. 하지만 부모로부터 자립을 한다고 해서 아이와의 관계가 끝나는 것은 아닙니다.

사실은 제법 어른스러워진 우리 아이와 어른 대 어른으로 대면하는 것이 몇 배는 더 즐겁습니다. 부모에게 고민거리였던 반항기를 잘 보내고 나면 이전의 삐거덕거리던 관계에서는 얻을 수 없었던 다른 유대감이 형성되고, 한 뼘 더 성장한 아이들과 보다 즐겁고 안정된 관계를 쌓을 수 있게 됩니다.

독립하려는 아이들을 이런저런 수단과 방법으로 만류하고 그들의 자립을 방해하는 것은 모처럼의 즐거워질 시기를 점점 더 연장시키고 말 것입니다. 게다가 아이가 자립할 기회를 잃게 되면 즐거운 시기는 영원히 오지 않을 수도 있습니다.

아이보다 부모와의 관계를 신경 써야 할 때

아이가 함께 외출하는 것을 싫어한다면 새로운 관계를 만들기 위한 과도기에 있는 것으로 단정 짓고 다른 가족끼리 외출하면 됩니다. 그래도 한창 먹을 시기의 아이들이기 때문에 식사 권유라면 따라올지도 모릅니다. 어떻게든 밖에서 함께 시간을 보내고 싶다면 외식으로 설득하는 것도 하나의 방법입니다.

외출한 곳에서도 아이가 무뚝뚝한 태도를 보인다면, 이때다 싶어서 야단치고 싶어지기도 할 거예요. 하지만 함께 외출해 준 것을 다행이라 여기며 그 점은 애써 참아야 합니다. 그렇지 않으면 아이들은 점점 더 가족과 외출하는 것을 싫어하게 됩니다.

이 시기의 아이들은 우리 부모가 조부모에게 어떻게 대하고 있는지를 놀라울 정도로 잘 관찰하고 있습니다. 그러므로 반항하는 아이에게 무리하게 애를 쓰는 것보다는 자신의 부모를 소중히 여기고 즐겁게 대하는 모습을 보여 주는 것이 교육 효과는 더 높아집니다.

부모의 모습을 롤모델 삼아 다양한 방법을 통해 아이들은 가족 본연의 자세를 나름대로 배워 나가는 것입니다.

에필로그

 이 책을 읽기 전과 읽은 후의 사춘기 남자아이를 바라보는 시선은 어떻게 변화되었을까요? '역시 남자애는 어려워!'라고 생각하는 분도 있는가 하면 '여러 가지 생각하고 있는 줄 알았는데 의외로 단순하다'라고 맥 빠진 분도 있겠지요.
 인생에서 가장 다루기 힘들고 섬세한 시기의 남자아이 내면을 조금이라도 이해해 주신다면 저자로서는 기쁠 따름입니다.

 '지금 중고생 남자아이들은 앞으로 어떤 세상을 향해 노를 저어 나아갈까?' 문득 그런 생각을 할 때가 있습니다. 우리가 지금 살고 있는 이 지점이 격동의 시대로 진입하는 시작점이 아닌가 생각되기 때문입니다. 앞으로의 10년은 지금까지의 10년보다 훨씬 더 급속도로 모든 것이 변화될 것입니다.

 디지털 기술은 더욱 발전해 우리들의 생활 방식을 크게 바꾸게 될 것이고, 인류가 지금까지 경험한 적 없는 질병이나 재해로 행복에 대한 본연의 모습 또한 변화해 나갈지도 모릅니다. 5년 후, 10년 후 혹은 30년 후 인류가 어떤 세상에서 살고 있을지 누구도 알 수 없습니다. 알고 있는 것은 단 하나, 그런 변화의 물결 속에서 새로운 흐름의 일익을 책임지는 것은 지금 사춘기의 한가운데에 있는 우리 아이들이라는 사실입니다.

 남자아이는 근거 없는 자신감을 가진 생물입니다. 그 모습을 '어린애 같다', '현실을 보지 못한다'며 비웃는 것은 간단합니다. 하지만 어느 시대나 세상을 움직인 것은 '어쩌면 해낼 수 있을지 모른다'라는 도전 정신이었어요. 여러분의 아이도 그런 능력을 확실히 갖추고 있습니다.

 지금은 다소 고민거리를 안겨 주는 아이들이지만 새로운

세상으로 크게 뻗어 나갈 것을 믿고, 부디 따뜻한 시선으로 지켜봐 주기 바랍니다.

아들과 싸우지 않는 엄마의 비밀

초판 1쇄 발행 2021년 12월 10일
초판 2쇄 발행 2023년 6월 12일

지은이 야나기사와 유키오
옮긴이 최현숙

펴낸이 허혜영
펴낸곳 앤에이북스
출판등록 2018년 2월 2일 제307-2019-86호
주소 서울시 성북구 보문로94 화성빌딩 2층 203호
전화번호 02-2039-3300
팩스 02-6442-9070
http://blog.naver.com/andabooks
andabooks@naver.com

ISBN 979-11-965348-7-5 (13590)

책값은 뒤표지에 있습니다.
잘못된 책은 구입하신 곳에서 바꿔 드립니다.